言語の科学9　言語情報処理

JN147750

**編集委員**
大津由紀雄
郡司隆男
田窪行則
長尾　真
橋田浩一
益岡隆志
松本裕治

# 言語情報処理

言語の科学
9

長尾　真
黒橋禎夫
佐藤理史
池原　悟
中野　洋

岩波書店

**執筆者**

学習の手引き 長尾　真
第1章　　　黒橋禎夫
第2章　　　佐藤理史
第3章　　　池原　悟
第4章　　　中野　洋

## 〈言語の科学〉へのいざない

　私たちが日常，あたりまえのように使っている言語．その言語の性質を解明することは，長年にわたる人間の知的挑戦の対象であった．では，言語を科学的に研究すること，すなわち自然科学的な方法で研究することは可能だろうか．それは可能であり，また必要であるというのが私たちの見解である．

　歴史的に見ても，すでに，紀元前のインドでは形式的な文法体系の記述がなされ，下って19世紀にはヨーロッパの言語を対象とした比較言語学の厳密な方法論が確立されていた．20世紀に至ってからは，初頭の一般言語学の確立を経て，20世紀後半には音韻体系，文法範疇などの形式的記述が洗練され，言語を科学的にとらえる試みは着実に成果を上げてきたと考えられる．

　さらに20世紀以降のコンピュータの発達は，言語現象に対する情報論的視点という新たな見方をもたらした．現在，音声認識・音声合成技術の発展，形式化された文法による構文解析技術を応用した機械翻訳システムの開発など，言語のさまざまな側面が，機械処理の対象となり得るほどに明らかにされつつある．

　しかし，従来の学問観に従う一般的な認識では，言語学は自然科学の一部門ではなく，人文学の領域に属すると見なされる傾向が強いのも事実であろう．本叢書では，言語を一種の自然現象と見なす方法を前提としている．特に，物理学のような典型的な自然科学に範をとるだけでなく，情報のような抽象的な存在を対象にする情報科学など，近年の自然科学のさまざまな方法論に立脚し，言語を，人間が，そして人間のみが，自在にあやつる，情報の一つの自然な形態として捉える見方に立っている．

　そのような言語観に立った場合，さまざまな興味深い知的営みが可能になる．現在どのような分野の研究が言語の研究として行なわれているのか，言語の研究者によってどのような研究対象が設定されているのか，それぞれの研究はどのような段階に至っているのか，また，今後どのような研究が期待されているのかということを，人文系・理工系を問わず，できるだけわかりやすく読者に示すことを試みた．

本叢書はもともと，岩波講座「言語の科学」として刊行されたものである．本叢書の特色は，言語の研究に深く関連している言語学，国語学，言語心理学，言語教育，情報科学，認知科学などの研究分野の，従来の縦割りの枠に捉われず，これらの学問の最新の成果を学際的に統合する観点に立っていることにある．

　本叢書のもう一つの特徴は，各巻を研究対象ごとに分けた上で，さまざまな角度からの研究方法を統合的に紹介することを試みたことである．文科系の読者が自然科学的な方法を，また，理工系の読者が人文学的な知識を，無理なく身につけることが可能となる構成をとるように工夫した．

　以上のような趣旨をいかすため，各巻において，言語に関する研究の世界の第一線の研究者に執筆をお願いした．各執筆者には，基本的な事柄を中心にすえた上で，ときには最先端の研究動向の一端も含めて，読者が容易に理解できるように解説していただいた．幸いにして私たちの刊行の趣旨を理解していただき，現時点において最良の執筆陣を得られたと自負している．

　全体の巻構成と，この叢書がなぜこのように編成されたか，ということを簡単に説明しておこう．本叢書の各巻のタイトルは次のようになっている．

1　言語の科学入門　　7　談話と文脈
2　音声　　　　　　　8　言語の数理
3　単語と辞書　　　　9　言語情報処理
4　意味　　　　　　　10　言語の獲得と喪失
5　文法　　　　　　　11　言語科学と関連領域
6　生成文法

　「科学」としての言語学という性格を一番端的に表わしているのは，第6巻で解説される「生成文法」という，20世紀半ばに誕生した文法システムであろう．生成文法は言語獲得という事実にその経験的基盤を求める．そこで第10巻『言語の獲得と喪失』では，言語の獲得と喪失が言語の科学とどう有機的に結びつくのかを明らかにする．一方，第5巻では，生成文法誕生以前にさかのぼり，特定の理論的枠組によらない，文法研究そのものを検討する．「文法」に関する2つの巻，およびそれと深く関連する第10巻は，言語学の科学としての性格が特に濃厚な部分である．

第7巻『談話と文脈』は，これとは対照的に，言語の使い手としての人間に深くかかわるトピックを扱う．その意味で，人文学的な研究とも通じる，言語研究の「醍醐味」を感じさせる分野であるが，形式化などの点からは今後の発展が期待される分野である．

　文法に関する2つの巻を第7巻と反対側からはさむ形で第4巻『意味』がある．ここでは，科学的な性格が色濃く出ているアプローチ（第2章）と，言語の使い手としての人間という見方を強く出しているアプローチ（第3章）が並行して提示されているので，読者は意味の問題の奥深さを感じとることができるだろう．

　第2巻の『音声』については，音響に関して物理学的な研究法がすでにある．この巻では，そのような研究と，言語学の中で発達してきた方法論との双方が提示され，音声研究の幅の広さが示されている．

　第3巻『言語と辞書』は音声と意味との仲立ちをする装置としての語彙についての解説である．これも，言語学や心理学の中で開発されてきた方法論と，より最近の機械処理の立場からの研究の双方を提示している．

　第8巻『言語の数理』と第9巻『言語情報処理』は言語科学の研究の基礎的な部分の解説であり，特に，数学や情報科学になじみのない読者に必要最小限の知識をもっていただくことを意図して書かれている．これらは，言語科学の技術的側面が最も強く出ている巻でもあろう．言語の研究におけるコンピュータの役割の大きさは，ほとんどの巻にコンピュータに関連する章があることからも明らかであるが，特に言語を機械で扱う「情報」という形で正面から捉えた巻として第9巻を位置付けることができる．

　最後の第11巻『言語科学と関連領域』は，言語の科学そのものに加えて，それに関連する学問との接点を探る試みである．特に，言語の科学は，人間そのものを対象とする心理学，医学，教育学などと深い関連をもつので，それらに関する章が設けられている．

　言語に関わる現象は多岐にわたるが，本叢書の巻構成は言語現象ごとに1ないし2巻をあて，各巻の内容は大筋において独立なので，読者はどの巻からでも読み始めることができる．ただし，第1巻では本叢書の中心的な内容を先取りする形で，そもそも「言語の科学」という課題がなぜ設定されたか，という点について述べているので，まず最初に読むことをお薦めする．

この叢書は，言語学科に学ぶ学生や言語の研究者に限らず，言語に関心をもつ，すべての分野の，すべての年代の人々を読者として企画されたものである．本叢書がきっかけとなって，従来の言語学に何かつかみどころのない点を感じていた理工系志向の読者が言語の科学的研究に興味を示し，その一方で，今まで科学とは縁がないと考えていた人文系志向の読者が言語の研究の科学的側面に関心をもってくれることを期待する．そして，その結果，従来の志向にかかわらず，両者の間に真の対話と共有の場が生まれれば，編集委員としては望外の幸せである．

　2004 年 4 月

大 津 由 紀 雄
郡 司 隆 男
田 窪 行 則
長 尾　　真
橋 田 浩 一
益 岡 隆 志
松 本 裕 治

# 学習の手引き

　本巻は言語の実用システムに関する基本的な技術を説明することを目的としている．情報化社会では，情報はほとんどすべて電子化され，電子的なメディアを通じて送られる．その情報の中心となるものは文字であり言葉である．したがって，言語がコンピュータで自由に処理できることが必要となる．この分野を言語情報処理と名づけている．広義には音声言語も含むが，通常は音声は含まず，文字言語の世界だけを取り扱う．この叢書でも音声は独立の巻としており，本書では文字言語のコンピュータによる処理のみを対象とする．

　言語情報処理の技術の上に作られている実用システムには種々のものがあるが，多くの人にとって最も身近なものはワードプロセッサ（ワープロ）であろう．ワープロはアメリカではかなり前からあったが，日本語ワープロは1978年にかな漢字変換方式のものが初めて商品化され，数年のうちに急速に広がり，値段もさがって，今日では家庭でもワープロを持っているところは珍しくない．

　情報検索も言語情報処理の応用システムとして古くから使われてきた．これは科学技術文献を対象として，主として研究者が自分の欲しい文献だけを検索して取り出すもので，文献検索とも言われ，この時代が長く続いた．最近，百科事典やその他多くの情報がCD-ROMの上にのせられ，これをパソコンで検索できるようになって，広く一般の人達も情報検索ということに関心を持ち，利用をしはじめた．特にインターネットが普及するにつれて，情報をいかにすればうまく探し出せるかということに，多くの人の関心が集っている．

　情報が膨大となってゆき，重要な情報とそうでないものが混在するようになるにしたがって，それらをどうすれば区別できるか，また膨大な情報をうまく圧縮して重要な部分だけを残したり，検索がしやすいように重要な言葉だけをうまく選別するにはどうしたらよいかといった，基礎的な研究も盛んになってきている．

　機械翻訳の研究の歴史は長い．コンピュータが出始めた頃から，研究者の夢として，人間のみが使っている言語をコンピュータにも処理させ，言語の翻訳をやらせられるのではないかと考え，挑戦したのである．研究の盛り上がりは

1960年前後と1980年前後にあり，現在数多くの商用システムが存在する．特にインターネットの普及によって，英語の文章を日本語に翻訳して読みたいということで，最近はほとんどのパソコンで翻訳ソフトが使えるようになっている．ただ，翻訳の質はよくないので，うまく使いこなすためには相当な慣れが必要である．

このような言語に関する応用システムの性能を上げてゆくためには，言語のもつ性質をよく調べる必要がある．その第一歩として，これまでは主として言語の統計的性質が調べられてきた．文字の出現頻度から，徐々に単語のレベルまでの統計が調べられるとともに，どういう分野にはどのような単語が現れるかという語彙調査も行われている．

本巻は，以上に述べたような事柄に関する基本的な考え方，方法，システムなどについて詳しく述べたものである．ワープロやパソコンなどで文字をコンピュータに入力しようとする場合は，文字がコンピュータの中でどのようなコードで表現されるかは，簡単そうだが，実はそうではない．英語のアルファベットでもいくつかの異なったコード体系が存在するし，日本語の漢字の場合は外字と称して標準的なコードが与えられていないものが多くあり，これをどうするかという問題は，人名，地名などの場合に問題になる．

コンピュータから文字を紙に打ち出したり，表示画面に出す場合も，きれいな文字で出すための種々の工夫がある．さらに文書には，タイトル，本文，著者名などの区別や，本文のパラグラフ構成，1枚の紙のどこにどのような大きさの文字で何行に打つかといった文書形式についても，いろいろとやっかいな問題がある．

こういった単純な問題から始まって，あいうえお順にデータを並べかえたり，辞書引きの基本となる文字列同士の一致をできるだけ早くとる方法など，種々の問題があり，これらは主として第1章で取り扱われている．

第2章は情報検索の手法の説明である．対象となる情報の配列の仕方，検索の手法などを示し，最近の種々の工夫，インターネット上の情報の検索システムについても述べている．情報検索を効率よく，しかも確実なものとするために，情報に種々の加工をほどこすことが望まれており，これらの技法についても論じている．

第3章は機械翻訳を取り扱っている．機械翻訳は巨大で非常に複雑なシステ

ムであり，機械翻訳の方法にもいくつかの方法があるので，それらすべてについて詳細な内容を記述することはできない．入力文の解析の方法，他言語への変換などがどのように行われるか，それらの処理を支える辞書にはどのような情報を入れておく必要があるかといったことが中心に論じられる．

　第4章は日本語の統計的性質の調べ方，語彙調査の仕方などを具体的事例を示しながら詳しく論じる．日本語の性質に関心を持つ人にとっては興味のある部分である．

　以上の内容はあくまでも入門的なものであり，本書で取り扱っていない項目も多い．それらの代表的なものは，言語情報処理に関する理論的枠組，形態素解析，構文解析，意味解析，文脈解析，知識と言語の関係，文章の生成などであり，これらを網羅的に取り扱ったものとして，岩波講座ソフトウェア科学15『自然言語処理』(長尾真編著，岩波書店，1996年)をお推めする．この本以外にも巻末に付けられた参考書は学習の次のステップとしてぜひとも読んでもらいたいものである．

　21世紀は情報社会になることは明らかであり，そこにおいては文字によって表現された情報，言語情報が中心的な役割を占める．したがって自然言語処理技術はますます重要なものとなり，各種の優れた応用システムが作られてゆくだろう．これらのシステムを作る側にはいなくても，それらの応用システムをうまく使ってゆくためには，それがどういう内容のものであり，どこまでの機能・能力をもつものであるかを判断できることが必要となる．そのためにもこの分野の知識は必要なのである．言語そのものを科学的に研究しようとする人にとって必要なことは言うまでもなかろう．

# 目　　次

〈言語の科学〉へのいざない ・・・・・・・・・・・・・ *v*
学習の手引き ・・・・・・・・・・・・・・・・・・・ *ix*

## 1　テキスト処理　　*1*

### 1.1　コンピュータ内部での文字の扱い ・・・・・・　*3*
　　(a)　文字コードセット ・・・・・・・・・・・　*4*
　　(b)　文字コード体系 ・・・・・・・・・・・・　*6*

### 1.2　文字の表示 ・・・・・・・・・・・・・・・・　*10*
　　(a)　文字表示の仕組み ・・・・・・・・・・・　*10*
　　(b)　フォント ・・・・・・・・・・・・・・・　*11*

### 1.3　テキストの表現形式 ・・・・・・・・・・・・　*13*
　　(a)　SGML ・・・・・・・・・・・・・・・・　*14*
　　(b)　HTML ・・・・・・・・・・・・・・・・　*16*
　　(c)　TeX ・・・・・・・・・・・・・・・・・　*17*
　　(d)　PostScript と PDF ・・・・・・・・・・・　*19*

### 1.4　文字列の整列 ・・・・・・・・・・・・・・・　*21*
　　(a)　辞書式順序 ・・・・・・・・・・・・・・　*21*
　　(b)　クイックソート ・・・・・・・・・・・・　*23*
　　(c)　基底法 ・・・・・・・・・・・・・・・・　*25*
　　(d)　$N$ グラム統計と KWIC ・・・・・・・・・　*27*

### 1.5　文字列の探索 ・・・・・・・・・・・・・・・　*29*
　　(a)　2分探索 ・・・・・・・・・・・・・・・　*30*
　　(b)　ハッシュ法 ・・・・・・・・・・・・・・　*32*
　　(c)　トライ法 ・・・・・・・・・・・・・・・　*34*

### 1.6　文字列の照合 ・・・・・・・・・・・・・・・　*36*
　　(a)　完全一致 ・・・・・・・・・・・・・・・　*36*
　　(b)　正規表現の照合 ・・・・・・・・・・・・　*39*
　　(c)　近似照合 ・・・・・・・・・・・・・・・　*43*

### 1.7　テキストデータベース ・・・・・・・・・・・　*46*

第 1 章のまとめ ………………………………… 50

## 2　情報検索　51

### 2.1　情報検索と情報検索支援　53
### 2.2　情報検索システム　55
　　(a)　情報検索システムの枠組 …………………… 55
　　(b)　伝統的なキーワード検索 …………………… 57
　　(c)　検索システムの評価 ………………………… 61
　　(d)　問 題 点 ……………………………………… 61
### 2.3　検索システムの高度化　65
　　(a)　ベクトル空間法 ……………………………… 65
　　(b)　関連フィードバック法 ……………………… 67
　　(c)　検索質問の自動合成 ………………………… 70
　　(d)　パッセージ検索 ……………………………… 71
### 2.4　全 文 検 索　72
　　(a)　単語インデックスを用いた全文検索 ……… 72
　　(b)　文字列インデックスを用いた全文検索 …… 74
### 2.5　情報の組織化　77
　　(a)　選　　別 ……………………………………… 77
　　(b)　分　　類 ……………………………………… 78
　　(c)　重要情報の抽出 ……………………………… 81
　　(d)　要　　約 ……………………………………… 83
### 2.6　インターネットと情報検索　85
　　(a)　ワールドワイドウェブ ……………………… 85
　　(b)　ウェブページの検索 ………………………… 89
### 2.7　展　　望　91

　　　第 2 章のまとめ ………………………………… 93

## 3　機械翻訳　95

### 3.1　機械翻訳の原理　97
　　(a)　人間の翻訳と機械の翻訳 …………………… 97
　　(b)　言語の約束とその解析 ……………………… 98

## 3.2 機械翻訳の方式 ・・・・・・・・・・・・・・・・ 101
- (a) 機械翻訳の基本方式 ・・・・・・・・・・・ 101
- (b) 構文解析型トランスファー方式 ・・・・・ 102
- (c) 意味解析型トランスファー方式 ・・・・・ 104
- (d) 各種の翻訳方式 ・・・・・・・・・・・・・ 107
- (e) 話し言葉の翻訳 ・・・・・・・・・・・・・ 111

## 3.3 機械翻訳システムの構成技術 ・・・・・・・ 112
- (a) 日本語の文法解析 ・・・・・・・・・・・・ 113
- (b) 日本語の意味解析 ・・・・・・・・・・・・ 117
- (c) 日英変換技術 ・・・・・・・・・・・・・・ 120
- (d) 英語生成技術 ・・・・・・・・・・・・・・ 124

## 3.4 翻訳辞書構成技術 ・・・・・・・・・・・・・ 127
- (a) 翻訳知識ベースとしての辞書 ・・・・・・ 127
- (b) 機械辞書の役割 ・・・・・・・・・・・・・ 128
- (c) 辞書の分類と参照順序 ・・・・・・・・・ 129
- (d) 文法的解析のための辞書 ・・・・・・・・ 130
- (e) 意味解析のための辞書 ・・・・・・・・・ 133
- (f) 機械翻訳用の辞書の構成 ・・・・・・・・ 134

## 3.5 翻訳システムの現状と適用分野 ・・・・・・ 137
- (a) 翻訳能力の達成レベル ・・・・・・・・・ 137
- (b) 機械翻訳の適応分野 ・・・・・・・・・・ 138
- (c) 機械翻訳適用の方法 ・・・・・・・・・・ 139

## 3.6 機械翻訳を取り巻く諸問題 ・・・・・・・・ 141
- (a) 機械翻訳の基本問題 ・・・・・・・・・・ 141
- (b) 当面する課題 ・・・・・・・・・・・・・・ 146

第3章のまとめ ・・・・・・・・・・・・・・・・・・ 148

# 4 言語の統計 ・・・・・・・・・・・・・・・・・・ 149

## 4.1 ことばの数量化 ・・・・・・・・・・・・・・ 151
- (a) 言語について数を数えるということ ・・・ 151
- (b) 言語を測るものさし ・・・・・・・・・・・ 154
- (c) ものさしの条件 ・・・・・・・・・・・・・ 155

## 4.2 統計的操作の基礎知識 ・・・・・・・・・・ 157

	(a)　言語の計量的研究の歴史 ・・・・・・・・・・・・・・ *157*
	(b)　記述統計と推測統計 ・・・・・・・・・・・・・・・・ *157*
	(c)　語彙分布の法則 ・・・・・・・・・・・・・・・・・・ *159*
4.3　語彙調査の方法 ・・・・・・・・・・・・・・・・・・・・ *163*
	(a)　調査の企画 ・・・・・・・・・・・・・・・・・・・・ *163*
	(b)　調査の目的 ・・・・・・・・・・・・・・・・・・・・ *164*
	(c)　調査の方法 ・・・・・・・・・・・・・・・・・・・・ *165*
	(d)　語彙調査の手順 ・・・・・・・・・・・・・・・・・・ *166*
	(e)　調査単位 ・・・・・・・・・・・・・・・・・・・・・ *170*
	(f)　同語異語の判別 ・・・・・・・・・・・・・・・・・・ *172*
	(g)　語彙の意味分布についての分析 ・・・・・・・・・・・ *176*
4.4　日本語の語彙調査例 ・・・・・・・・・・・・・・・・・・ *180*
	(a)　雑誌九十種の語彙調査 ・・・・・・・・・・・・・・・ *180*
	(b)　新聞の語彙調査 ・・・・・・・・・・・・・・・・・・ *181*
	(c)　高校教科書の語彙調査 ・・・・・・・・・・・・・・・ *184*
	(d)　話しことばの語彙調査 ・・・・・・・・・・・・・・・ *188*
	(e)　テレビ放送の語彙調査 ・・・・・・・・・・・・・・・ *188*
	(f)　流行歌の語彙調査 ・・・・・・・・・・・・・・・・・ *190*
4.5　語彙の対照研究 ・・・・・・・・・・・・・・・・・・・・ *194*
	(a)　『星の王子さま』6か国語版の語彙の対照 ・・・・・・ *194*
	(b)　中国流行歌と日本語の逐語訳の比較 ・・・・・・・・・ *196*
第4章のまとめ ・・・・・・・・・・・・・・・・・・・・・・ *198*

用語解説 ・・・・・・・・・・・・・・・・・・・・・・・・・・ *201*
読書案内 ・・・・・・・・・・・・・・・・・・・・・・・・・・ *203*
参考文献 ・・・・・・・・・・・・・・・・・・・・・・・・・・ *207*
索　引 ・・・・・・・・・・・・・・・・・・・・・・・・・・・ *215*

# 1
## テキスト処理

**【本章の課題】**

　電子メールのやり取り，インターネット上での新聞の閲覧，電子辞書や電子百科事典の参照，図書館における蔵書情報の検索，多くの人が様々な形態でコンピュータ上のテキストを利用している．本章では，このようなことの基本としてコンピュータによるテキスト処理の基本的な仕組みを説明する．

　本章の構成は大きく二つに分かれる．前半の三つの節では，コンピュータ内部での文字やテキストの表現方法，それらを紙に印刷したりディスプレイに表示する仕組みなどを説明する．これらはいくつかの重要な約束事の上になりたっており，それらを理解しておくことはコンピュータによるテキスト処理を学ぶための前提となる．

　後半の四つの節では，コンピュータによるテキスト処理の基本操作を説明する．現在のコンピュータがいかに高速であっても，何の工夫もしなければ大量のテキストを満足できるスピードで扱うことはできない．整列，検索，照合などの基本操作について高速化のための種々の工夫を紹介する．

　本章の範囲では，テキストを単なる文字列（文字の並び）として扱い，文や文章の構造や意味に踏み込んだ処理は対象外とする．言語の広がりや面白さなどは切り捨ててしまうことになるが，逆にそれによって大規模データの高速計算というコンピュータの得意な面がいかんなく発揮されることになる．

## 1.1 コンピュータ内部での文字の扱い

0 か 1．この区別を膨大な回数繰り返すことによって，コンピュータによる数値計算，テキスト処理，さらには音声や画像の処理が実現されている．

0/1 を区別する単位を**ビット**(bit)とよぶ．8 ビット，すなわち 0/1 の区別の 8 個のまとまりを**バイト**(byte)とよび，これがコンピュータで扱うデータの基本単位となっている．

キーボードで a というキーを押すとディスプレイに a と表示される．この一見あたりまえのことは，次のような過程を経て実現されている（図 1.1）．

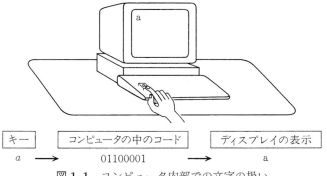

図 1.1　コンピュータ内部での文字の扱い

[1] 　コンピュータの中では a という文字は 01100001 という 1 バイトの値（コード）として扱うことが決められている．

[2] 　これに基づき a というキーに 01100001 というコードが対応付けられている．すなわち，キー a を押すことでコンピュータに 01100001 というコードが送られる．

[3] 　コンピュータの中ではコード 01100001 に対して a という文字図形が対応付けられている．コンピュータは入力されたコードに対応する文字図形 a を記憶装置から読み出し，これをディスプレイに表示する．

a に対する 01100001 のように，コンピュータの中で文字に対応付けられた値を**文字コード**とよぶ．以下では文字コードの取り扱いについて詳しく説明する．

### (a) 文字コードセット

特定の言語に属する文字集合，あるいは使用目的・頻度によってまとめられた文字集合に対して対応付けられた文字コードの集合を**文字コードセット**とよぶ．

文字コードセットは**ISO**(国際標準化機構：International Organization for Standardization)の規格，またはそれに基づく**JIS**(日本工業規格：Japanese Industrial Standard)として定められている．

### ASCII コードセット

文字コードセットの基本はもともとアメリカで使われる文字を対象として作られたASCIIコードセットである(ISO8859-1，表 1.1)．

表 1.1 ASCII コードセット

| 上位4ビット(16進数) \ 下位4ビット(16進数) | 0 | 1 | 2 | 3 | 4 | 5 | 6 | 7 | 8 | 9 | A | B | C | D | E | F |
|---|---|---|---|---|---|---|---|---|---|---|---|---|---|---|---|---|
| 0 | | | | | | | | BEL | BS | TAB | LF | | FF | CR | SO | SI |
| 1 | | | | | | | | | | | | ESC | | | | |
| 2 | SP | ! | " | # | $ | % | & | ' | ( | ) | * | + | , | - | . | / |
| 3 | 0 | 1 | 2 | 3 | 4 | 5 | 6 | 7 | 8 | 9 | : | ; | < | = | > | ? |
| 4 | @ | A | B | C | D | E | F | G | H | I | J | K | L | M | N | O |
| 5 | P | Q | R | S | T | U | V | W | X | Y | Z | [ | \ | ] | ^ | _ |
| 6 | ` | a | b | c | d | e | f | g | h | i | j | k | l | m | n | o |
| 7 | p | q | r | s | t | u | v | w | x | y | z | { | | | } | ~ | DEL |

(網かけ部分：制御文字領域)

ASCII コードセットでは 1 バイトで一つのコードを表す．一般に，文字コードの説明では 1 バイトのうち上位と下位の 4 ビットずつをそれぞれ 16 進数で表すことが多い．表 1.1 では縦軸が上位 4 ビット，横軸が下位 4 ビットの 16 進数を表している．たとえば，$a$ は 6 と 1 の交わりであるから 16 進数の 61，すなわち 01100001 が文字コードとなる．

ASCII コードセットでは，最上位のビットは常に 0 である．すなわち，上位 4 ビットの 16 進数が 8 以上となる文字コードはない．また，00 から 20，および 7F は制御文字領域とよばれ，普通の文字ではなく特別な機能を表すために使われる．たとえば 0A は改行(LF)，20 は空白(SP)，7F は 1 文字削除(DEL)

を表す．

### JIS ローマ字

様々な国でこの ASCII コードセットに若干の変更を加え，それを文字コードセットの基本として使用している．日本の場合には，これが **JIS ローマ字**（JIS X0201 ローマ字）である．JIS ローマ字と ASCII コードセットの違いは次の二つのコードだけである．

|    | ASCII コードセット | JIS ローマ字 |
|----|----|----|
| 5C | \ (バックスラッシュ) | ¥ (円記号) |
| 7E | ~ (チルド) | ¯ (オーバーライン) |

### JIS 片仮名

コンピュータで日本語の文字を扱い始めた当初は，コンピュータの処理能力が貧弱であったため，文字種類の少ない片仮名だけが扱われていた．このときに作られた文字コードセットが **JIS 片仮名**（JIS X0201 片仮名）である．表 1.2 に示すとおり，21 から 5F までの 63 文字が定義されている．

表 1.2　JIS 片仮名

|  | | 0 | 1 | 2 | 3 | 4 | 5 | 6 | 7 | 8 | 9 | A | B | C | D | E | F |
|---|---|---|---|---|---|---|---|---|---|---|---|---|---|---|---|---|---|
| 上位 4 ビット (16 進数) | 2 |  | 。 | 「 | 」 | 、 | ・ | ヲ | ァ | ィ | ゥ | ェ | ォ | ャ | ュ | ョ | ッ |
| | 3 | ー | ア | イ | ウ | エ | オ | カ | キ | ク | ケ | コ | サ | シ | ス | セ | ソ |
| | 4 | タ | チ | ツ | テ | ト | ナ | ニ | ヌ | ネ | ノ | ハ | ヒ | フ | ヘ | ホ | マ |
| | 5 | ミ | ム | メ | モ | ヤ | ユ | ヨ | ラ | リ | ル | レ | ロ | ワ | ン | ゛ | ゜ |

### JIS 漢字

日本語で普通に用いられる文字は，平仮名，片仮名，漢字などをあわせて数千からそれ以上ある．コンピュータの処理能力が向上し，1 バイトだけでなく 2 バイトの文字コードを扱えるようになって，2 バイトで日本語の種々の文字を表す **JIS 漢字**（JIS X0208）が制定された（1978 年，その後 83 年，90 年，97 年に改訂）．

JIS 漢字の一部を表 1.3 に示す．この表では 1 バイト目の上位 4 ビット，下位 4 ビット，2 バイト目の上位 4 ビットを示す 3 桁の 16 進数が縦軸に，2 バイト目の下位 4 ビットを示す 16 進数が横軸に配置されている．たとえば，302 と 1 の交わり，つまり 16 進数表現で 3021 は '亜' を表す．

JIS 漢字では 1 バイト目，2 バイト目ともに 21〜7E の範囲が使われている．すなわち，ASCII コードセットの制御文字領域は使わないようになっている．このうち，1 バイト目が 30 から 4F の範囲を第一水準 (常用漢字などを含む使用頻度の高い漢字)，50 から 74 の範囲を第二水準 (第一水準よりも使用頻度の低いもの) とよぶ．

### JIS 補助漢字

JIS 漢字だけでは日本語の文字集合として不十分であったため，1990 年に **JIS 補助漢字** (JIS X0212) が定義された．この中の文字コードとしては丂 (3021)，碥 (5021) などがある．

### (b) 文字コード体系

一つの文字コードセットの中では文字コードと文字が 1 対 1 に対応しているが，テキストの中に複数の文字コードセットを混在させようとすると，一つのコードが複数の文字に対応するという問題がおこる．

たとえば，3021 という文字コードは，

    JIS ローマ字：0!（2 文字）
    JIS 漢字　　：亜（1 文字）
    JIS 補助漢字：丂（1 文字）

となり，これらを区別することが必要となる．

このような文字コードセットの混在のさせ方も，基本的には ISO などの標準規格として定められており，これを**文字コード体系**とよぶ．以下では日本語に関する代表的な文字コード体系について説明する．

### JIS コード

JIS コードでは次のような特殊なコード列を挿入することによって，それ以後使用する文字コードセットを指定する．この特殊コード列は**エスケープシー**

1.1 コンピュータ内部での文字の扱い　7

表1.3　JIS 漢字

|  |  | \multicolumn{16}{c}{下位4ビット（16進数）} |
|---|---|---|---|---|---|---|---|---|---|---|---|---|---|---|---|---|---|
|  |  | 0 | 1 | 2 | 3 | 4 | 5 | 6 | 7 | 8 | 9 | A | B | C | D | E | F |
| 上位12ビット（16進数） | 212 |  | スペース | 、 | 。 | ， | ． | ・ | ： | ； | ？ | ！ | ゛ | ゜ | ´ | ｀ | ¨ |
|  | 213 | ＾ | ￣ | ＿ | ヽ | ヾ | ゝ | ゞ | 〃 | 仝 | 々 | 〆 | 〇 | ー | — | ‐ | ／ |
|  | 214 | ＼ | 〜 | ‖ | ｜ | … | ‥ | ' | ' | " | " | （ | ） | 〔 | 〕 | ［ | ］ |
|  | 215 | ｛ | ｝ | 〈 | 〉 | 《 | 》 | 「 | 」 | 『 | 』 | 【 | 】 | ＋ | − | ± | × |
|  | 216 | ÷ | ＝ | ≠ | ＜ | ＞ | ≦ | ≧ | ∞ | ∴ | ♂ | ♀ | °| ′ | ″ | ℃ | ￥ |
|  | 217 | ＄ | ¢ | £ | ％ | ＃ | ＆ | ＊ | ＠ | § | ☆ | ★ | ○ | ● | ◎ | ◇ |  |
|  | 222 | ◆ | □ | ■ | △ | ▲ | ▽ | ▼ | ※ | 〒 | → | ← | ↑ | ↓ | ＝ |  |  |
|  | 233 | 0 | 1 | 2 | 3 | 4 | 5 | 6 | 7 | 8 | 9 |  |  |  |  |  |  |
|  | 234 |  | A | B | C | D | E | F | G | H | I | J | K | L | M | N | O |
|  | 235 | P | Q | R | S | T | U | V | W | X | Y | Z |  |  |  |  |  |
|  | 236 |  | a | b | c | d | e | f | g | h | i | j | k | l | m | n | o |
|  | 237 | p | q | r | s | t | u | v | w | x | y | z |  |  |  |  |  |
|  | 242 |  | ぁ | あ | ぃ | い | ぅ | う | ぇ | え | ぉ | お | か | が | き | ぎ | く |
|  | 243 | ぐ | け | げ | こ | ご | さ | ざ | し | じ | す | ず | せ | ぜ | そ | ぞ | た |
|  | 244 | だ | ち | ぢ | っ | つ | づ | て | で | と | ど | な | に | ぬ | ね | の | は |
|  | 245 | ば | ぱ | ひ | び | ぴ | ふ | ぶ | ぷ | へ | べ | ぺ | ほ | ぼ | ぽ | ま | み |
|  | 246 | む | め | も | ゃ | や | ゅ | ゆ | ょ | よ | ら | り | る | れ | ろ | ゎ | わ |
|  | 247 | ゐ | ゑ | を | ん | … |  |  |  |  |  |  |  |  |  |  |  |
|  | 252 |  | ァ | ア | ィ | イ | ゥ | ウ | ェ | エ | ォ | オ | カ | ガ | キ | ギ | ク |
|  | 253 | グ | ケ | ゲ | コ | ゴ | サ | ザ | シ | ジ | ス | ズ | セ | ゼ | ソ | ゾ | タ |
|  | 254 | ダ | チ | ヂ | ッ | ツ | ヅ | テ | デ | ト | ド | ナ | ニ | ヌ | ネ | ノ | ハ |
|  | 255 | バ | パ | ヒ | ビ | ピ | フ | ブ | プ | ヘ | ベ | ペ | ホ | ボ | ポ | マ | ミ |
|  | 256 | ム | メ | モ | ャ | ヤ | ュ | ユ | ョ | ヨ | ラ | リ | ル | レ | ロ | ヮ | ワ |
|  | 257 | ヰ | ヱ | ヲ | ン | … |  |  |  |  |  |  |  |  |  |  |  |
|  | 302 |  | 亜 | 唖 | 娃 | 阿 | 哀 | 愛 | 挨 | 姶 | 逢 | 葵 | 茜 | 穐 | 悪 | 握 | 渥 |
|  | 303 | 旭 | 葦 | 芦 | 鯵 | 梓 | 圧 | 斡 | 扱 | 宛 | 姐 | 虻 | 飴 | 絢 | 綾 | 鮎 | 或 |
|  | 304 | 粟 | 袷 | 安 | 庵 | 按 | 暗 | 案 | 闇 | 鞍 | 杏 | 以 | 伊 | 位 | 依 | 偉 | 囲 |
|  | 305 | 夷 | 委 | 威 | 尉 | 惟 | 意 | 慰 | 易 | 椅 | 為 | 畏 | 異 | 移 | 維 | 緯 | 胃 |
|  | 306 | 萎 | 衣 | 謂 | 違 | 遺 | 医 | 井 | 亥 | 域 | 育 | 郁 | 磯 | 一 | 壱 | 溢 | 逸 |
|  | 307 | 稲 | 茨 | 芋 | 鰯 | 允 | 印 | 咽 | 員 | 因 | 姻 | 引 | 飲 | 淫 | 胤 | 蔭 |  |
|  | 312 |  | 院 | 陰 | 隠 | 韻 | 吋 | 右 | 宇 | 烏 | 羽 | 迂 | 雨 | 卯 | 鵜 | 窺 | 丑 |
|  | 313 | 碓 | 臼 | 渦 | 嘘 | 唄 | 欝 | 蔚 | 鰻 | 姥 | 厩 | 浦 | 瓜 | 閏 | 噂 | 云 | 運 |
|  | 314 | 雲 | 荏 | 餌 | 叡 | 営 | 嬰 | 影 | 映 | 曳 | 栄 | 永 | 泳 | 洩 | 瑛 | 盈 | 穎 |
|  | 315 | 頴 | 英 | 衛 | 詠 | 鋭 | 液 | 疫 | 益 | 駅 | 悦 | 謁 | 越 | 閲 | 榎 | 厭 | 円 |
|  | 316 | 園 | 堰 | 奄 | 宴 | 延 | 怨 | 掩 | 援 | 沿 | 演 | 炎 | 焔 | 煙 | 燕 | 猿 | 縁 |
|  | 317 | 艶 | 苑 | … |  |  |  |  |  |  |  |  |  |  |  |  |  |

8    1 テキスト処理

ケンスとよばれる．

| 文字コードセット | エスケープシーケンス |
|---|---|
| ASCII コードセット | ESC ( B |
| JIS ローマ字 | ESC ( J |
| JIS 片仮名 | ESC ( I |
| JIS 漢字 | ESC $ B |
| JIS 補助漢字 | ESC $ D |

＊ESC = 1B

たとえば，"0!亜A"という文字列の文字コード列は次のように表現される．ただし，テキストの先頭では ASCII コードセットが指定されていると解釈される．

| 30 | 21 | 1B | 24 | 42 | 30 | 21 | 1B | 28 | 4A | 41 |
|---|---|---|---|---|---|---|---|---|---|---|
| 0 | ! | ESC | $ | B | 亜 | | ESC | ( | J | A |

この方法では各バイトの最上位ビットは常に 0 で情報を持たないので，ネットワークを介したデータ通信で最上位ビットが落とされてしまう(最上位ビットが通信の制御用に使われる)場合でも，文字コードに影響がないという利点がある．逆に，欠点としては，文字コード列の一部分を見ただけでは文字との対応が一意に判別できないため，テキスト処理が面倒になるという問題がある．

**日本語 EUC コード**

日本語 EUC コードでは次のような方法で四つのコードセットを混在させる．

| 文字コードセット | 実際のコード |
|---|---|
| JIS ローマ字 | 0??????? |
| JIS 漢字 | 1??????? 1??????? |
| JIS 片仮名 | 8E 1??????? |
| JIS 補助漢字 | 8F 1??????? 1??????? |

すなわち，8 ビット目が 0 であるかどうかで JIS ローマ字とそれ以外の文字コードセットを区別し，残りは各文字の前に制御文字(8E または 8F)をつけるかどうかで区別する．

たとえば，"0!亜A"の文字コード列は次のように表現される．

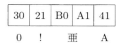

'亜' の部分は JIS コードでは 3021(0011 0000 0010 0001)だが日本語 EUC コードでは B0A1(<u>1</u>011 0000 <u>1</u>010 0001) となる．

　日本語 EUC コードでは文字コード列の一部分だけをみても対応する文字が一意に決定でき，テキスト処理が行いやすいという利点がある．もともとは UNIX（ワークステーションで標準的に用いられているオペレーティングシステム）上での複数コードセットの扱いのために定められた規格で，EUC は Extended UNIX Code の略である．なお EUC の規格自体は言語に依存するものではなく，韓国語 EUC，中国語 EUC などもあるが，日本では日本語 EUC のことを単に EUC とよぶことが多い．

### シフト JIS コード

　正式名は MS 漢字コードといい，マイクロソフト社などによって作成され，現在パーソナルコンピュータで広く用いられている文字コード体系である．ただし，ISO のような標準団体によって定められた規格ではない．

　このコード体系では，次のような方法で三つのコードセットを混在させる．

| 文字コードセット | 実際のコード |
|---|---|
| JIS ローマ字 | 0??????? |
| JIS 片仮名 | 1??????? |
| JIS 漢字 | 図 1.2 に示すシフト |

このように，JIS ローマ字はそのまま，JIS 片仮名は最上位ビットを 1 にする．そして，JIS 漢字は 1 バイト目が JIS ローマ字，JIS 片仮名と重ならないように 1 バイト目を 81〜9F と E0〜EF の範囲にシフトする（図 1.2）．

　たとえば，"0!亜 A" の文字コード列は次のように表現される．

| 30 | 21 | 88 | 9F | 41 |
|---|---|---|---|---|
| 0 | ! | 亜 | | A |

　このように JIS 漢字をシフトさせる扱いには，JIS ローマ字と（最上位ビット

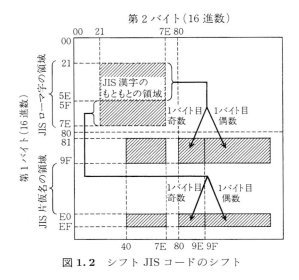

**図 1.2** シフト JIS コードのシフト

を 1 とした) JIS 片仮名が使われていた環境に，それらの扱いをそのままにして JIS 漢字を加えようとした歴史的経緯がある．そのため，国際規格で制御文字用の領域とされている 80〜9F を使っていること，JIS 補助漢字などを扱うための拡張の余地がないことなどの問題を持っている．

## 1.2 文字の表示

コンピュータ内部で文字コードとして扱われている文字を，ディスプレイに表示したりプリンタで印刷するためには，図形としての文字の情報が必要となる．ここでは文字の表示の仕組みと，そのための最も重要な構成要素であるフォントについて説明する．

### (a) 文字表示の仕組み

ディスプレイ表示や印刷された文字は，人間の目にはなめらかに見えるが，拡大してみれば白または黒の領域が格子状に並んだものである (図 1.3)．この白か黒の 1 領域はドット (dot) とよばれる．また，このような格子点による図形を一般にビットマップ (bitmap) とよぶ．

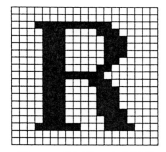

図 1.3 格子状の文字図形

文字のなめらかさはドットの細かさで決まる．通常これを表すのに 1 インチ（≃ 25.4 mm）に何ドット表示するかを示す **dpi**（dot per inch）という単位を使い，これを**解像度**とよぶ．現在の一般的なディスプレイの解像度は 70〜100 dpi，プリンタの解像度は一般用では 240〜1200 dpi，印刷用（イメージセッター）では 1000〜4000 dpi 程度である．

文字やテキストの表示では，長さの単位として**ポイント**が用いられる．1 ポイントは 1/72.27 インチ（≃ 0.3 mm）である．たとえば，70 dpi のディスプレイに 14 ポイントの文字を表示する場合には，

$$14 \text{ ポイント} = 14 \times 1/72.27 \text{ インチ}$$

$$14 \times 1/72.27 \text{ インチ} \times 70 \text{ dpi} \simeq 14 \text{ ドット}$$

すなわち 14×14 の格子状の白黒で 1 文字を表現することになる．これはかなり粗いもので，ディスプレイに表示された文字をよく見ると格子点によるがたがたした文字であることがわかる．一方，600 dpi のプリンタの場合は 14 ポイントの文字は約 120×120 の格子となり，見た目には完全になめらかである．

## (b) フォント

1 組の字種（普通は一つの文字コードセット）に対して，そこに含まれるすべての文字の図形を統一的に指定したものを**フォント**（font）とよぶ．

前項で述べたように文字の表示は最終的にはビットマップとして行われるが，その図形情報のコンピュータ内部での表現には大きく分けて 2 種類の方法がある．一つは図 1.3 に示したような出力のビットマップに直接対応する形で，0 か 1（白か黒）の行列として図形を表現する方法で，これを**ビットマップ・フォ**

ントとよぶ．もう一つは文字の輪郭線をスプライン関数(いくつかの点が与えられたときに，それらを区分的になめらかにむすぶ補間多項式)などを用いてベクトル表示する方法で，これを**アウトライン・フォント**とよぶ(図1.4)．

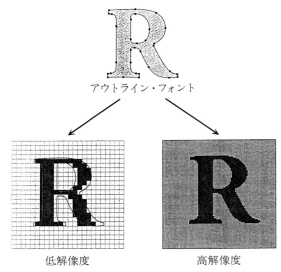

図1.4　アウトライン・フォント

　ビットマップ・フォントの場合は一つの文字に対して大きさの違い(文字の縦横のドット数)ごとにいくつものビットマップを用意する必要がある．しかし，データの形式が表示の形式と同じなので，文字データから文字図形をよびだして表示するまでの処理が高速に行えるという利点がある．このため，ディスプレイ用のフォントは，多くの場合ビットマップ・フォントが使われている．
　一方，アウトライン・フォントでは文字の輪郭線を定義しているので，任意の大きさに拡大・縮小することができ，ディスプレイやプリンタの解像度の限界の美しさ(なめらかさ)の文字が出力できるという利点がある．しかし，表示の際に文字の大きさに合わせてビットマップへの変換(どのドットを塗りつぶすかの計算)が必要となる．プリンタ出力の場合には，様々な大きさの文字を高解像度で表示する必要があるので，アウトライン・フォントが使われることが多い．
　フォントには文字の大きさだけでなく，デザイン(書体)，太さ，傾きなど多

　　　　ＡＢＣＤＥ　　　ＡＢＣＤＥ　　　ABCDE
　　　　タイムズ書体　　　クリーエ書体　　　ヘルベチカ書体
　　　　　　**ABCDE**　　　　　*ABCDE*
　　　　タイムズ書体太字(ボールド)　　タイムズ書体斜体(イタリック)
　　　　　　図 **1.5**　英語アルファベットの種々のフォント

くのバリエーションがある．英語のアルファベットのフォントの例を図 1.5 に示す．

## 1.3　テキストの表現形式

　コンピュータによってテキストが扱われるようになる前には，紙の上に表示されたものがテキスト情報のすべてであった．ところが，コンピュータ処理の導入によって，紙の上(あるいはディスプレイ上)での表示とは別に，コンピュータの中でのテキストの表現形式というものを考える必要が生まれてきた．
　コンピュータの中でのテキストの表現形式には，次のようないくつかの方法がある．
(1)　紙の上での表示そのままの**イメージ情報**，すなわちテキスト全体について図 1.3 のようなビットマップ表現を行う方法．ファックス通信などではこの形式でテキストを送受信している．
(2)　文字情報は 1.1 節で述べたような文字コードとして持ち，それをどのように配置するかについての**物理情報**をともに記憶する方法．この節を例にとると，「1.3 テキストの表現形式」という文字列を 12 ポイントのゴシック体フォントで表示し，18 ポイントの空きの後，9 ポイントの明朝体フォント，9 ポイントの改行幅で本文文字列を表示する．さらに「イメージ情報」，「物理情報」などの文字列ではフォントを 9 ポイントゴシック体に切り替える，というような情報を文字コード列情報とともに記憶する．
(3)　文字情報を文字コードとして持つことは(2)と同じであるが，それに加えてテキストの**論理情報**を持つ方法．テキストの論理情報とは，「テキストの表現形式」がこの節のタイトルであり，それに本文が続き，その中で「イメージ情報」，「物理情報」などが強調される，というような情報であ

る．この場合には，最終的にテキストを表示するために論理情報から物理情報への対応付けが必要となるが，これはテキストとは別に定義しておくことが多い．たとえば，節のタイトルは12ポイントのゴシック体フォントを用いるということが「言語の科学」シリーズ全体で定義されている，というようなものである．

これらの形式はそれぞれに一長一短であるが，(1)の形式は，文字コード情報を持たないために，本書でこれ以後説明する検索などのテキスト処理が行えないという欠点があり，特別な場合を除いて用いられることは少ない．以下では上記(2)(3)の形式の代表的なものを紹介する．

## (a) SGML

SGMLはStandard Generalized Markup Languageの略で，テキストの論理情報を記述するための国際的な標準規格(ISO8879)である．1986年に定められ，その後，アメリカの公的機関や業界団体などの積極的支持によってかなり普及してきている．日本では1992年にJIS X4151として規格化された．

SGMLではテキストの論理的階層構造をDTD(Document Type Definition; 文書型定義)とよばれる別テキストで正確に定義する．図1.6にDTDの簡単な例を示す．`<!ELEMENT ……>`はテキストの構成要素の宣言を示すもので，1行目の例は`chp`という構成要素が`chp-title, intro, sec`の1回以上の繰り返しからなること示している(+は直前の要素の1回以上の繰り返しを示す)．また，2行目の`chp-title`の宣言で`(#PCDATA)`とあるのは，`chp-title`が文字列データ(文書階層の末端)であることを示すものである．一方`<!ATTLIST ……>`は構成要素の属性を定義するもので，3行目の例は`chp-title`という要素に`yes`または`no`という値をとる`change`という属性を与えることができ，

```
<!ELEMENT chp - - (chp-title, intro, sec+)>
<!ELEMENT chp-title - - (#PCDATA)>
<!ATTLIST chp-title change (no|yes) yes>
<!ELEMENT intro - - (#PCDATA)>
<!ELEMENT sec - - (sec-title, p+)>
<!ELEMENT sec-title - - (#PCDATA)>
<!ELEMENT p - - (#PCDATA)>
```

図1.6 SGMLのDTDの例

```
<!DOCTYPE CHAPTER SYSTEM "CHAPTER.DTD">
<CHAPTER>
<chp><chp-title change="no">テキスト処理</chp-title>
<intro>本章では……</intro>
<sec><sec-title>コンピュータ内部での文字の扱い</sec-title>
<p>0か1．この区別を……</p>
<p>0/1を区別する1単位を……</p>
……
</sec>
<sec><sec-title>文字の表示</sec-title>
<p>コンピュータ内部で文字コードとして……</p>
……
</sec>
</chp>
</CHAPTER>
```

図 1.7　SGML でマークアップされたテキストの例

そのデフォルトの値(属性の指定が省略された場合の値)は yes であるということを示している．

　テキストの方では，それがどの DTD の定義にしたがっているかということをまず宣言し，その後にテキスト本体が続く．テキスト中には論理情報を示すタグが埋め込まれる．通常，<タグ名>という開始タグと</タグ名>という終了タグのペアで構造をマークする．このようにタグによって論理情報(または物理情報)を明示的に与えることを**マークアップ**(markup)とよぶ．図 1.6 の DTD にしたがったテキストの例を図 1.7 に示す．最初の宣言はこのテキストが CHAPTER という文書型に従い，これが CHAPTER.DTD という名前のファイルで宣言されているということを意味する(図 1.6 の DTD が CHAPTER.DTD というファイルに保存されているとする)．chp-title の開始タグの中では属性 change の値が no に設定されている．

　テキストの交換はテキスト本体と DTD をセットにして行われる．DTD については，国際規格や各国の規格となっているもの，あるいは業界や企業など一定グループで共有されたものが用いられることも多い．テキストが DTD で定義された構造を忠実に守っているかどうかは，SGML パーサとよばれるツールで検証することができる．

SGMLはテキストの論理情報を規定しているだけで，テキストを表示するためには論理情報から物理情報への対応付けが必要となる．この部分に関しては **DSSSL** (Document Style and Semantics Specification Language)とよばれる標準規格がある(ISO10179)．また，テキスト中への音声や画像の挿入，テキスト間のリンクの扱いなどについては **HyTime** (Hypermedia/Time-based Structuring Language)という標準規格がある(ISO10744)．

SGMLのような正確な定義に基づく論理情報のマークアップは，テキストの形式が明確でかつ固定的な場合に向いている．規格書，カタログなどはその典型例である．いったんマークアップを行っておけば，たとえば，タイトル(のタグ間のテキスト)だけを検索するとか，著者だけを検索するということが可能になり，テキストのデータベース的な利用が容易になる．一方で，SGMLのマークアップはかなり手間がかかり，DTDで構造を正確に定義することもテキストのタイプによっては容易ではない．そのため普通のテキストの保存形式としてSGMLが使われることはあまり多くない．

### (b) HTML

HTMLはHyperText Markup Languageの略で，コンピュータネットワーク上でのテキスト表現形式として，1990年にCERN(スイスにある欧州粒子物理研究所)で開発された．その後ワールド・ワイド・ウェブ(WWW, World Wide Web)の爆発的普及とともに一般的に用いられるようになった．

テキストに挿入するタグはSGMLによく似た形式であるが，使用するタグの種類はあらかじめ決められている．HTMLで使用できるタグの代表的なものを図1.8に示す．HTMLのタグは基本的には論理情報を示すもので，物理情報への対応付けは，ブラウザとよばれるHTMLテキストの表示プログラムによって行われる．HTMLでマークアップされたテキストの例とそれを標準的なブラウザで表示したものを図1.9に示す．この例で，`<IMG SRC="ku-logo.gif">`によって表示されるのは`ku-logo.gif`という名前のファイルに収められた画像である．また，`<A HREF="English.html">here.</A>`の部分は`English.html`という名前のHTMLテキストへのリンクとなっていて，`here.`の部分をマウスなどで選択すると`English.html`が表示される．

HTMLは比較的コンパクトなタグセットになっていて，タグ付けもそれほ

図 1.8　HTML のタグの一例

ど難しくない．また，音声や画像データの挿入，テキスト間のリンク付けなども簡便な形式でサポートされているため，WWW 上のテキスト形式として広く普及している．しかし，HTML ではテキストの構造を正確に表現することができず，テキストの保存形式としては十分なものとはいえない．

このように HTML では不十分であり SGML では複雑すぎるという問題を解決する試みとして XML (eXtensible Markup Language) とよばれる言語が W3C (World Wide Web Consortium) で開発・公開されている．XML は SGML のエッセンスだけを残したサブセットで，かつ HTML よりも表現力の高い言語となっており，今後の動向が注目される．

### (c)　TeX

D. E. Knuth によって開発されたもので，科学技術論文などの世界で広く利用されている．一般には TeX を拡張した LaTeX が用いられるので，ここでは LaTeX について説明する．

TeX の場合も，基本的にはテキストの論理情報をタグを用いてマークアップする．物理情報への変換は**スタイル・ファイル**とよばれる定義ファイルによって行われる (SGML の DSSSL に相当するもの)．

TeX のソース・ファイル (タグ付けされたファイル) の例と，それを表示形式に変換したものを図 1.10 に示す．\documentstyle{j-book} は j-book.sty というスタイル・ファイルに従うことの宣言で，テキストは \begin{document} と \end{document} で囲まれる．\chapter{……}，\section{……} は章・節

```
<HTML>
<HEAD>
<TITLE>Kyoto University Home Page</TITLE>
</HEAD>
<BODY>
<IMG SRC="ku-logo.gif">
<BR>
<H1>Welcome to Kyoto University.</H1>
<BR>
English version is <A HREF="English.html">here.</A>
....
</BODY>
</HTML>
```

⇓

図 1.9　HTML テキストの例

のタイトルを示すと同時に，そこが章・節のはじまりであることを示している．

　TeX は，早くから(現在では多くのワープロソフトでサポートされているが)複雑な数式や表の表示機能，すぐれたフォント整備環境，章・節・数式・図・表番号などの自動管理などを実現していたため，特に科学技術研究の分野で広く普及している．論文集などを作る場合，スタイル・ファイルを共有し，各執筆者がそれにしたがって原稿を書くことで，体裁の統一された論文集をコンピュータで自動作成するといったことが日常的に行われている．

1.3 テキストの表現形式　　19

```
\documentstyle{j-book}
\begin{document}
\chapter{テキスト処理}
本章では……

\section{コンピュータ内部での文字の扱い}
0か1．この区別の膨大な……

\section{文字の表示}
コンピュータ内部で文字コードとして扱われている……

\end{document}
```

⇓

---

### 1
### テキスト処理

　本章では……

**1.1　コンピュータ内部での文字の扱い**

0か1．この区別の膨大な……

**1.2　文字の表示**

コンピュータ内部で文字コードとして扱われている……

---

図 1.10　TeX で書かれたテキストの例

### (d)　PostScript と PDF

　これまでの SGML，HTML，TeX などが基本的に論理情報を指定する方法であったのに対し，PostScript と PDF は物理情報を指定するための枠組である．

　**PostScript** はアドビ・システムズ社によって 1985 年に発表された．アウトライン・フォントの考え方や，カラーの扱いなどを含めて，テキストの物理情報を記述するプログラミング言語(ページ記述言語)の最初のもので，高品質なテキスト印刷のための標準形式として広く用いられている．

　PostScript のファイルは人手で作成するというよりは，ワープロソフト，描画ソフトなどで作成したテキスト，図表などから自動変換によって作られることが普通である．図 1.10 に示した TeX のソース・ファイルを PostScript 形式

```
%!PS-Adobe-2.0
%%Creator:   dvi2ps
%%Title:  main.dvi
%%Pages:   (atend)
%%BoundingBox:   0 0 595 842
%%DocumentPaperSizes:    A4
%%Orientation:   Portrait
%%EndComments
%%BeginFile:   /mnt/share/usr/local/lib/dvi2ps/dvi2.ps
%
/TeXDict 300 dict def
TeXDict begin
 /inch {
72 mul
 } bind def
/largepaperarray [
/letter /legal /11x17
/b4 /b5 /a5 /a4 /a3
] def
/smallpaperarray [
 /note dup where {
pop
 }{
......
```

図 1.11 PostScript ファイルの例

に自動変換したものを図 1.11 に示す．

**PDF**(Portable Document Format) はアドビ・システムズ社によって近年開発されたもので，基本的には PostScript をさらに進化させたものといえる．今後，PostScript にかわってテキストの物理情報を取り扱う標準形式となっていく可能性が高い．PostScript と比べた場合の PDF の特徴は次のような点である．

(1) PostScript はテキスト形式 (文字の並び，目でみて分かる) であるが，PDF はバイナリ形式 (0/1 の並び，目でみても分からない) である．そのためサイズが 1/10 程度となり，電子メールなどでの電子的交換が容易である．

（2） ツールを用いれば，メモを書き込んだり，他のテキストへのリンクを埋め込んだりすることもできる．またテキスト中の文字列の検索が可能である．

（3） ページの概念が明確であるので，前から順に読み込まなくても適当なページにジャンプすることが容易にできる．

　現在，コンピュータ上で様々なワープロソフトが使われている．それらは基本的にテキストの物理情報を規定するものであるが，その形式がソフト間で互換性がないという問題があった．PostScript ではプリンタ出力のために互換性をもたせることが主眼であったが，PDF は，さらにテキストの流通，電子的表示・検索，修正などを考慮した互換性のための規格であると考えることができる．

## 1.4　文字列の整列

　テキストをコンピュータで扱う利点のひとつは高速な検索が可能になることであろう．たとえば，コンピュータを使えば，1年分の新聞記事テキストの中からある語を含むすべての記事を取り出すことも，一瞬でできてしまう．これからの四つの節では，このようなテキストの検索に関連する問題を取り上げる．

　この節ではまず文字列の**整列**(sort)について説明する．整列とは与えられたデータの集合をある定義された順序に並べることをいう．

### （a）　辞書式順序

　整数や実数の場合には，数の大小によって順序関係を定義できる．これに対して，文字列の場合には，**辞書式順序**(lexicographic order)とよばれる順序関係を考えることができる．これは，名前のとおり辞書の中で見出し語がならんでいる順番であるが，ここではもう少し厳密に定義を与えておこう．

　まず，文字の間に，ある順序関係を定義する．多くの場合これには文字コード間の順序関係が用いられる．二つの文字列間の順序関係は，文字列中の文字を前から順に比べていき，はじめにあらわれた異なる文字間の順序関係であるとする．異なる文字があらわれる前に一方の文字列が終ってしまう場合，つまり一方の文字列が他方の一部分となっている場合は，短い方の文字列が小さい

とする．具体例としては次のようになる．

　　ABC < ABD < ACA < aaa　（A の文字コード < a の文字コード）
　　A < AB < ABC

一般に，問題を解く手順を曖昧な点の残らないように明確に定めたものを**アルゴリズム**とよぶ．本章では重要な問題についてはプログラミング言語 Pascal の記法を用いてアルゴリズムを明記することにする（ただし Pascal の予備知識がなくても理解できるように，適宜注釈を与える）．辞書式順序を調べるアルゴリズムは次のように書き表せる．ただし，比較する文字列を $s$ と $t$，$s$ の長さを $m$，$t$ の長さを $n$ とする．また $s[i]$, $t[i]$ は $s, t$ それぞれの $i$ 文字目を表すものとする．

[アルゴリズム 1.1（文字列の辞書式順序の比較）]
```
begin
  for i := 1 to min(m,n) + 1 do begin
                …i が 1 から min(m,n) + 1 まで，i を 1 ずつ増やしながら
                   以下を繰り返す．min(m,n) は m と n の小さい方の値
    if i = m + 1 and i = n + 1 then        … s, t ともに長さ i−1
      結果 s = t;
    else if i = m + 1 then                 … s が t より短い
      結果 s < t;
    else if i = n + 1 then                 … s が t より長い
      結果 s > t;
    else if s[i] < t[i] then               … i 文字目が不一致
      結果 s < t;
    else if s[i] > t[i] then               … i 文字目が不一致
      結果 s > t;
                        …上のいずれも成り立たない，すなわち
                           i 文字目が一致の場合は次の文字の比較へ
  end
end
```

本章の以下の説明では文字列に対する比較演算を単に '<' や '=' と表すが，これは上記の辞書式順序の比較を行うことの省略表記である．

## (b) クイックソート

整列すべきデータの集合は $n$ 個の要素からなり,はじめそれらはでたらめな順で配列に入れられているとする.この配列を $data$ と表し,配列の各要素を $data[1], data[2]$ などと表すことにする.

まず,データの型をとわない,すなわち順序関係のつくデータであればどのようなものでも扱うことができる整列の方法を紹介しよう.最も単純な整列の方法は,まず全体の中から一番小さいデータを取りだし,次に残りの中から2番目に小さいデータを取りだし,… ということを $n$ 回行う方法である.これは形式的には次のように書ける.

[アルゴリズム 1.2(最も単純な整列アルゴリズム)]
 begin
  for $i := 1$ to $n-1$ do
   for $j := i + 1$ to $n$ do
    if $data[i] > data[j]$ then $swap(i, j)$;
 end

ただし,$swap(i, j)$ は配列の $i$ 番目のデータと $j$ 番目のデータを入れ換える手続きとする.$i=1$ のループで最も小さいデータが配列の先頭に入り,$i=2$ のループで2番目に小さいデータが配列の2番目に入る,という操作が繰り返される.

このようなアルゴリズムの善し悪しを議論する場合,**時間計算量**(time complexity)という考え方が用いられる.これはアルゴリズムの中の比較,代入などの手続きの回数を,取り扱うデータの中で量的に主要な要素についての関数としたとき,その主要項の係数を無視したもので表す.アルゴリズム 1.2 の場合には,量的に主要な要素はデータの個数 $n$ であり,手続きの回数は約 $\frac{n^2}{2}$ 回となる.このような場合,時間計算量が $O(n^2)$ (オーダー $n^2$)であるという.$n$ が大きくなると $O(n^2)$ の計算量は非常に大きなものとなり,現実的に手に負えなくなる場合もありえる.

これに対して,多くの問題について最も高速な整列アルゴリズムとして**クイックソート**(quick sort)とよばれる方法がある.クイックソートの考え方は次のとおりである(図 1.12).まず整列すべきデータの集合の中から一つのデータ

を選択し，その値を基準値とする．そして，基準値よりも小さい値のデータは配列の前の方に，大きい値のデータは配列の後ろの方に来るようにデータの入れ換えを行う．この処理の結果，配列のある位置を境界として，それよりも前に基準値よりも小さい値のデータ，それよりも後ろに基準値よりも大きい値のデータが集まることになる．そこで，その二つの部分それぞれに上記の方法を再帰的に適用するということを繰り返し行えば，最終的に配列全体を整列することができる．

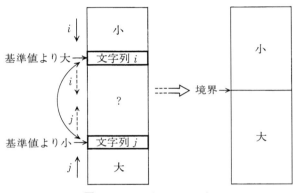

図 1.12　クイックソート

クイックソートの計算量を考えよう．平均的に考えれば，1回の処理でデータ全体が小と大の半分に分割され，その各部分が次の処理でさらに半分に分割される．整列が終了するまでにこのような処理がほぼ $\log_2 n$ 回行われることになる．そして，1回の処理では（全体が何分割かされていても）$n$ に比例する入れ換えの手続きが行われる．すなわち全体の計算量は $O(n \log n)$ となる．$n$ が大きくなると $n \log n \ll n^2$ となるから，アルゴリズム 1.2 の単純な方法にくらべてクイックソートははるかに高速となる．

クイックソートのアルゴリズムは形式的には以下のように表せる．

[アルゴリズム 1.3（クイックソート）]
**begin**
　　$quicksort(1, n)$ ;　　　　　　　　　　…手続き呼び出しの本体
**end**

## 1.4 文字列の整列

  **procedure** $quicksort(first, last)$;  … 以下が手続き quicksort の定義
  **begin**
   $x := data[(first+last)\ /\ 2]$;     … 基準値の設定
   $i := first$;
   $j := last$;
   **repeat**            … **until** までを繰り返す
    **while** $data[i] < x$ **do** $i := i+1$;
    **while** $x < data[j]$ **do** $j := j-1$;
    **if** $i \geqq j$ **then goto** 1;   … ラベル 1 の行 (4 行下) に飛ぶ
    $swap(i, j)$;        … データの入れ換え
    $i := i+1;\ \ j := j-1$;
   **until** $false$;
   1:
   **if** $first < i-1$ **then** $quicksort(first, i-1)$; … 手続きの再帰的呼び出し
   **if** $j+1 < last$ **then** $quicksort(j+1, last)$; … 手続きの再帰的呼び出し
  **end**

### (c) 基底法

クイックソートはデータの型によらない一般的な方法であったが，文字列集合を対象とする場合には**基底法** (radix sort) というさらに高速な整列アルゴリズムがある．

まず，整列対象の値が 1 から $m$ までの整数に限られている場合のアルゴリズムを考える．この場合，それぞれの値が何回現れるかを数えることによって簡単に整列することができる．ここでも整列対象の個数を $n$ とする．

[アルゴリズム 1.4 (データの値が限定されている場合の整列アルゴリズム)]
  **begin**
   **for** $i := 1$ **to** $m$ **do** $count[i] := 0$;
   **for** $i := 1$ **to** $n$ **do** $count[data[i]] := count[data[i]]+1$;
                … 各値が何回現れるかを数える
   $start[1] := 1$;    … $start[i]$ は値が $i$ のデータを置く場所
   **for** $i := 2$ **to** $m$ **do**
    $start[i] := start[i-1]+count[i-1]$;
   **for** $i := 1$ **to** $n$ **do begin**
    $data2[start[data[i]]] = data[i]$;   … $start$ にしたがって並べ換え

$$start[data[i]] = start[data[i]]+1; \qquad \cdots start \text{ を更新}$$
    end
 end

このアルゴリズムではクイックソートのように与えられた配列 $data$ の上で整列作業をすることはできないので，整列結果は別の配列 $data2$ に与えられる．

基底法は，このアルゴリズム 1.4 を利用して文字列の後ろから順番に，各文字列の $i$ 番目の文字を対象とする整列を繰り返す．1 文字の文字コードの値は限られた範囲であるのでアルゴリズム 1.4 による整列が可能になる．ただし，$i$ 文字目を整列するとき，長さ $i$ 未満の文字列は順序関係が最小であるとする．この考え方を示したものが図 1.13 である．

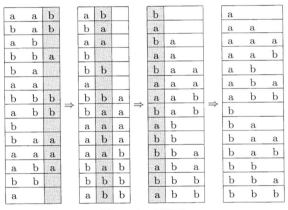

**図 1.13** 基底法

ここで重要なことは，アルゴリズム 1.4 が値が同じ場合には配列上のもとの順序を保存するという点である．この性質によって $i$ 文字目に対する整列で $i$ 文字目が同じ場合，それまでの順序，すなわち $i+1$ 文字目までの整列の順序が保存される．その結果，1 文字目までの整列を続けることによって文字列集合全体を正しく整列することができる．

基底法の計算量を考察しておこう．整列対象の文字列数を $n$，1 文字の値の範囲を $m$，整列対象の文字列の長さの最大値を $k$ とする．アルゴリズム 1.4 は $n$ 回と $m$ 回のループが 2 回ずつあり，基底法はこれを $k$ 回繰り返すので，全体で $2k(n+m)$ 回の処理が行われる．一般に $n$ は $m$ や $k$ に比べて十分大きい

ので，計算量は $O(n)$ と考えてよく，$O(n \log n)$ のクイックソートよりも高速となる．ただし，特に $k$ がある程度以上大きい場合には，$n$ の大きさによって実際に基底法とクイックソートのどちらが速いかは検討を要する．

### (d) $N$ グラム統計と KWIC

これまでに説明してきた整列処理を用いることによって，テキスト(言語データ)に対していろいろと面白い処理を行うことができる．

言語の特徴を示すものとして，2文字，3文字が隣接して生じる文字の共起関係(これを2グラム，3グラム，一般に $N$ グラム($N$-gram)という)の頻度を調べることが行われる．新聞1年間のデータ(約7000万文字)に対して $N=6$ までの $N$ グラム統計をとったものを表 1.4 に示す．

$N$ グラムを計算する最も単純な方法は，文字種すべての $N$ 文字の組合せの表をあらかじめ用意しておいて，$N$ 文字の組合せの出現頻度を計数していくという方法だろう．ところが，$N$ を少し大きくすると，この表は指数関数的に大きなものになってしまう．たとえば日本語の場合の字種は JIS 漢字だけでも約

**表 1.4** 日本語文字の $N$ グラム ($N$=1, 2, 3, 4, 5, 6 最頻出 20 個の％)
(朝日新聞 1991 年 CD–ROM，7022 万 495 文字についての統計)

| 1グラム | | 2グラム | | 3グラム | | 4グラム | | 5グラム | | 6グラム | |
|---|---|---|---|---|---|---|---|---|---|---|---|
| の | 3.37 | た。 | 0.55 | ている | 0.31 | ている。 | 0.15 | している。 | 0.06 | ゴルバチョフ | 0.01 |
| 、 | 2.88 | てい | 0.47 | した。 | 0.19 | している | 0.11 | によると、 | 0.03 | 明らかにした | 0.01 |
| に | 1.87 | した | 0.44 | してい | 0.17 | っている | 0.07 | っている。 | 0.03 | らかにした。 | 0.01 |
| た | 1.71 | して | 0.40 | いる。 | 0.16 | について | 0.06 | 。しかし、 | 0.02 | を明らかにし | 0.01 |
| 。 | 1.70 | った | 0.38 | った。 | 0.16 | れている | 0.05 | れている。 | 0.02 | になっている | 0.01 |
| 1 | 1.62 | る。 | 0.36 | という | 0.13 | という。 | 0.04 | になった。 | 0.02 | としている。 | 0.01 |
| い | 1.60 | いる | 0.34 | として | 0.11 | していた | 0.04 | されている | 0.02 | た。しかし、 | 0.01 |
| を | 1.57 | は、 | 0.32 | ってい | 0.11 | なかった | 0.04 | なっている | 0.02 | なっている。 | 0.01 |
| と | 1.49 | する | 0.31 | ていた | 0.10 | になった | 0.04 | について、 | 0.02 | されている。 | 0.01 |
| る | 1.48 | から | 0.31 | ること | 0.10 | によると | 0.03 | ているが、 | 0.01 | と発表した | 0.01 |
| は | 1.44 | って | 0.25 | れてい | 0.07 | よると、 | 0.03 | なかった。 | 0.01 | チョフ大統領 | 0.01 |
| が | 1.40 | ない | 0.24 | ついて | 0.07 | なった。 | 0.03 | 明らかにし | 0.01 | ルバチョフ大 | 0.01 |
| し | 1.39 | こと | 0.21 | かった | 0.07 | ていた。 | 0.03 | 発表した。 | 0.01 | バチョフ大統 | 0.01 |
| で | 1.27 | など | 0.21 | につい | 0.06 | すること | 0.03 | としている | 0.01 | については、 | 0.01 |
| て | 1.22 | が、 | 0.21 | による | 0.06 | かった。 | 0.03 | になってい | 0.01 | 平方メートル | 0.01 |
| な | 1.13 | 」と | 0.21 | された | 0.06 | されてい | 0.03 | ていること | 0.01 | のではないか | 0.01 |
| 2 | 0.93 | で、 | 0.19 | なった | 0.06 | 。しかし | 0.03 | については | 0.01 | 。葬儀・告別 | 0.01 |
| ) | 0.86 | され | 0.17 | になっ | 0.06 | だった。 | 0.03 | ルバチョフ | 0.01 | 」と話してい | 0.01 |
| ( | 0.86 | いた | 0.16 | ない。 | 0.06 | しかし、 | 0.03 | ゴルバチョ | 0.01 | 儀・告別式は | 0.01 |
| か | 0.85 | とい | 0.16 | だった | 0.06 | になって | 0.02 | らかにした | 0.01 | 歳。葬儀・告 | 0.01 |

7000であるから，$N=4$としても2400兆となる．これは現在のコンピュータで取り扱える大きさではない．

ところが，表を用意するということをせずに，大きな $N$ についてまで $N$ グラム統計をとる方法がある．統計をとる対象の大規模テキストが $l$ 文字からなるものとする．これは図1.14に示すように1本の文字列とみなすことができるので，これを長さ $l$ の一つの文字列データであると考える．次にこの文字列の先頭の1文字を取りさったものを別の一つの文字列とみなす．さらにまた先頭の1文字を取りさったものを別の一つの文字列とみなす．これを $l$ 文字の文字列の最後の1文字まで行うと，長さ $l$ 文字のテキストデータは $l$ 個の文字列の集合であるとみることができる．これらすべての文字列の先頭の場所を示すポインタを図1.14のポインタ表に入れておく．図からもわかるように文字列は $l$ 個あっても実際はテキストデータの $l$ 文字分の記憶容量しか使っていない．

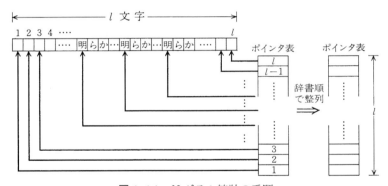

図1.14 $N$ グラム統計の手順

次にこの $l$ 個を整列して辞書式順序に並べかえる．この場合も整列のための比較はポインタからたどった文字列に対して行い，入れ換えるのはポインタだけで，文字列そのものの入れ換えは行わない．指定する $N$ グラムの $N$ の最大値がわかっている場合には，整列における比較は文字列の全文字に対して行う必要はなく，先頭の $N$ 文字についてだけ行えばよい．たとえば，図1.14の例では「明らか…」をさすポインタは，整列されたポインタ表の中では隣接した位置に移動される．

このようにして文字列集合の整列された表を作成すれば，ここから $N$ グラム統計をとることは簡単である．すなわち，テキスト中の同一の $N$ 文字の出

現はこの表の中では連続して現れるので，先頭から順に異なる$N$文字が現れるたびにそれが何回連続して現れるかということを数えればよいのである．表 1.4 の$N$グラムはこのような方法で求めたものである．

　この方法には単に統計をとるだけでなく，いろいろな利用法が考えられる．その一つは**KWIC**(クウィック)(Key Word In Context) としての利用である．KWIC は，テキスト中に現れるすべての単語（文字列）を取り出し，これを辞書式順序に整列し，その単語が使われた前後の文字列を文脈として付加して出力するもので，H. P. Luhn が 1959 年に最初に発表した．

　$N$グラム統計をとるために作成した表は，この KWIC の形式となっている．すなわち，整列された表からポインタをたどってもとのテキストのある範囲を取りだし，それらを順に表示することで KWIC が簡単に作成できる．これを表全体について行うと膨大なものになるが，着目するある単語（文字列）を与え，その部分だけを表示するということもできる (1.5 節 (a) 参照)．表 1.4 と同じ新聞記事テキストに対して「明らかにし」という文字列の KWIC を作成したものを表 1.5 に示す．

　KWIC は言語研究において重要な役割を果たす．ある表現がどのような文脈で，どのように使われているかを見ようとするとき，KWIC 表を用いればそれらを簡単に調べることができる．

　また，KWIC は索引の形式としても有効である．特に，複合語などが多い専門用語辞書の場合，用語の KWIC を作成して索引とすれば，単なる用語索引に比べて情報量が何倍にもなる．たとえば「分散システム記述言語」という用語を「分散」だけでなく「システム」，「記述」，「言語」などからもひくことができ，さらに「記述」の項目からはその前後に「ハードウェア記述言語」，「コンパイラー記述言語」などがあることもわかる．『岩波情報科学辞典』はこのような KWIC による索引を採用した面白い辞書である．

## 1.5　文字列の探索

　データの集合をコンピュータに記憶しておき，入力データが与えられたときにその中から一致するものを探し出す処理を**探索**(search) とよぶ．

　さまざまな場面で文字列の集合に対する探索処理が行われる．最も典型的な

表 1.5 「明らかにし」の KWIC (朝日新聞 1991 年 CD–ROM より)

| | | |
|---|---|---|
| について「約１７００人いる」と | 明らかにし | 、(１)関係が正常化すれば、一 |
| に開くよう申し入れていることを | 明らかにし | 、「(３党の話し合いが)まとま |
| 事問題への対応に集中したことを | 明らかにし | 、「(証券不祥事で)改善すべき |
| からの捜査依頼で始まったことを | 明らかにし | 、「(米国との連携を考えると) |
| 選をゆだねるよう要求したことも | 明らかにし | 、「これがロシアへの不信感を呼 |
| … | … | … |
| ては、実業家許永中氏側の人物が | 明らかにし | た、といい「会社の経営支援を始 |
| 軍関係者で構成されていることも | 明らかにし | た、という。「行政部会」が初会 |
| が民族問題で緊迫していることを | 明らかにし | た、という。磯村氏は「モスクワ |
| べきではないと考えていることを | 明らかにし | た、という。竹下氏はこれまで、 |
| 政策を変更できない」との立場を | 明らかにし | た、と伝えた。朝鮮半島の安定に |
| … | … | … |
| 本としては、内政不干渉の立場を | 明らかにし | つつ、経済立て直しに役立つよう |
| の答申で「国立医療機関の役割を | 明らかにし | て、１０年をめどに整理合理化を |
| 的な圧力の差で起こることなどを | 明らかにし | て、ナゾに満ちた生き物のいのち |
| 政治の働きは、そうした全体像を | 明らかにし | て、苦痛を分け合い、新しい活力 |
| 安定局から押収されていることを | 明らかにし | て、経緯を追及。勝野氏は「メモ |

ものはコンピュータで辞書を引く場合で，辞書の見出し語の集合の中から入力単語と一致するものが探される．ただし，辞書引きの目的は見出し語を見つけることではなく，そこに与えられた説明文を取り出すことであるが，そのような問題は 1.7 節で扱うことにして，この節では与えられたデータ集合の中に入力データに一致するものがある(発見)かない(失敗)かを調べるということだけを行う．なお，この節をとおして与えられたデータ集合の要素数を $n$ としておく．

前節と同様に，まずデータの型をとわない探索の方法を紹介し，次に文字列集合に特化した方法を紹介する．

### (a) 2分探索

データの集合が配列中にでたらめな順に並んでいるとすれば，配列の先頭から順に入力データと一致するかどうかを比較していくしかない．この方法を**線形探索**(linear search)とよぶ．線形探索の計算量は明らかに $O(n)$ である．

これに対して，データ集合があらかじめ順序関係によって整列されている場

合には，**2分探索**(binary search)とよばれるはるかに高速なアルゴリズムを利用することができる．2分探索の考え方は次のとおりである(図1.15)．まずはじめに，配列の中央 $\frac{n}{2}$ に位置するデータと入力データを比較する．偶然これが一致すれば探索は終了する．もし，入力データが $\frac{n}{2}$ 番目のデータよりも小さければ，求めるデータは $\frac{n}{2}$ よりも前にあることがわかる．そこで，次に $\frac{n}{4}$ 番目のデータと入力データを比較する．そこで入力データの方が大きければ，次は $\frac{3}{8}n$ 番目のデータとの比較を行う．このように1回の比較を行うたびに探索すべき範囲が半分になっていくので，多くとも $\log_2 n$ 回の比較によって求めるデータを探し出すことができる．すなわち，このアルゴリズムの計算量は $O(\log n)$ である．

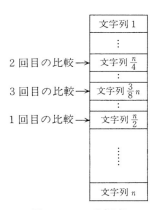

**図 1.15**　2分探索

2分探索のアルゴリズムは形式的には以下のように表せる．ただし，入力データを $input$ と表す．

[**アルゴリズム 1.5(2分探索)**]
  **begin**
    $low := 1;$
    $high := n;$
    **while** $low < high$ **do begin**　　　　…$low < high$ の間以下を繰り返す
      $middle := (low+high) / 2;$
      **if** $data[middle] > input$ **then** $high := middle-1;$

　　　　**if** $data[middle] = input$ **then** $middle$ が求める位置（終了）；
　　　　**if** $data[middle] < input$ **then** $low := middle+1$;
　　**end**
　　失敗；
**end**

## (b) ハッシュ法

　前項のような比較に基づく方法では，大か小かによって候補を2等分していくことが基本操作であるから本質的に $O(\log n)$ が計算量の限界となる．これに対して，探索の計算量を事実上 $O(1)$，すなわちデータ集合の要素数に関係なく高速に行うアルゴリズムが存在する．これは次のような原理による．データの取りうる値が1から $m$ までの整数に限られていて，かつ大きさ $m$ の配列を用意することが可能であったとする．この場合，データの値が $i$ であるとき配列の $i$ 番目にデータを格納しておくということを行えば，データの値を見るだけでその格納場所に直接アクセスすることができ，計算量は明らかに $O(1)$ となる．

　ところが，実際にはデータの取りうる値の範囲は非常に大きいので，それだけの大きさの配列を用意することは不可能である．しかし，何らかの方法でデータの値をある範囲の整数にマッピングすることができれば，その範囲の大きさ分の配列を用意し，マッピングされた値にしたがって配列にアクセスすることにより，やはり計算量 $O(1)$ の探索法を実現することができる．このような方法は**ハッシュ法**(hashing)とよばれる．データの値をある範囲の整数に変換することは関数を用いて行われ，この関数は**ハッシュ関数**(hash function)とよばれる．またハッシュ法で用意する配列は**ハッシュ表**(hash table)とよばれる（図1.16）．

　ハッシュ法では，二つの異なるデータがハッシュ関数によって同じ値にマッピングされるということが起こりえる．このような現象を**衝突**(collision)とよぶ．衝突に対する最も簡単な解決法は，ハッシュ関数の値が同じであるデータをリストでつないだ形で保存する方法である．この方法は**チェイン法**(chaining)とよばれる（図1.16はチェイン法の例）．チェイン法における探索は次のように行われる．

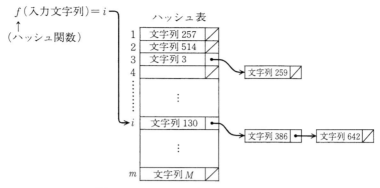

図 1.16 ハッシュ法 (チェイン法の例)

　まず，入力データをハッシュ関数によって変換し，その値の配列要素にアクセスする．そこで，もとの入力データとその位置のデータを比較し，一致すれば該当データを発見したことになる．一致しない場合は，そのデータからポインタをたどって次のデータとの比較を行う．ポインタがなければ，入力データに一致するものはデータ集合中にない (失敗) ということになる．すなわち配列に対する最初のアクセスはハッシュ法そのものであるが，それ以後の探索は前に述べた線形探索となる．

　極端な場合として，すべてのデータが同じ値に変換されるハッシュ関数を用いると，チェイン法は線形探索と同じものになり，計算量は $O(n)$ になってしまう．そこで，ハッシュ関数に要求されることは，データの値からある範囲の整数への割り当てができるだけ一様なものであるということである．このような要求を満たす最も簡単な関数は，ハッシュ表の大きさを $m$ としたとき，データの値を $m$ で割った余りを返す関数である．この場合，$m$ の倍数だけはなれた値をもつデータが存在すればハッシュ関数の値が同じになるが，データがそのように分布することはそれほど頻繁には起こらないと考えてよい．データが文字列である場合も，その文字コード列から適当な整数値をえることができるので，その値をもとにして上記のようなハッシュ関数を用いることができる．

　このように一応満足できるハッシュ関数が用意できた場合のチェイン法の計算量について考えておこう．データの個数を $n$，ハッシュ表の大きさを $m$ とする．$m$ や $n$ が十分大きい場合，衝突はある程度一様であると考えられるので，

ハッシュ表の各欄からのリストの長さは平均 $n/m$ となる．ハッシュ関数によってハッシュ表のあるデータにアクセスするための計算量は $O(1)$，データのリストに対する線形探索の計算量はリストの長さに比例するので $O(n/m)$ となり，全体の計算量も $O(n/m)$ となる．つまり，$n$ に対して十分な大きさの $m$ をとることができれば実質的な計算量は $O(1)$ とみなしてよいことになる．

(c) トライ法

整列の説明において，文字列の各文字を対象として整列を繰り返す基底法とよばれるアルゴリズムを説明した．探索の場合にも，これと似た考え方で各文字に対する探索を繰り返す**トライ法**(trie)とよばれるアルゴリズムがある．

トライ法では，図 1.17 に示すように配列の形式ではなく木構造の形式で文字列集合を管理する．各ノードには文字種類数の大きさの配列があり，各文字種に対応する子ノードへのポインタを管理する．与えられた文字列集合に対する木構造データは次のようにして作られる．すなわち，文字列集合中の各文字列に対して，根ノードから出発して文字列中の各文字にしたがって子ノードへの遷移ができるように，ポインタとノードを作成していく．そして，文字列分の遷移を行った先のノードに，それが文字列集合の一要素であることのマークを与える．

図 1.17 の例では，「くる」という文字列に対して，根ノードから「く」，「る」と遷移するポインタとノードが作られ，「くる」のノードにマークが与えられる．さらに，「くるま」という文字列があれば，「くる」から「ま」によるポインタとその先のノードが作られ，そこにもマークが与えられる．一方，文字列集合中に「くるあ…」や「くるい…」という文字列がないならば，「くる」のノードから「あ」や「い」に対応するポインタは作られない．

このような木構造データを作成すれば，入力文字列に対する探索を行うことは容易である．根ノードから出発して入力文字列の各文字にしたがってポインタをたどり，入力文字列に対応するマークのついたノードに到達できれば発見，マークがないか，途中で遷移先がなくなる場合は失敗となる．各ノードには文字種類数の大きさの配列があり，次にたどるべきポインタは文字自身の値によって決められるので（ハッシュ法と同様の考え方），ポインタを 1 回たどる計算量は $O(1)$ である．長さ $k$ の入力文字列の場合，ポインタを $k$ 回たどれば探索

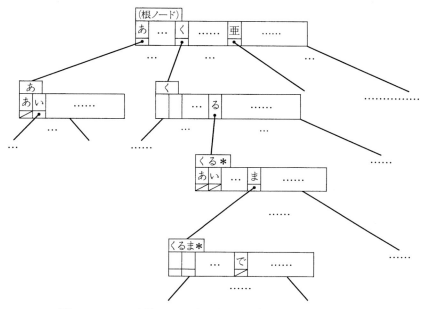

図1.17　トライ法（*は文字集合として与えられたものを示す）

は終了するので，探索の計算量は $O(k)$ となる．このように，トライ法は計算量が文字列集合の要素数に左右されない高速なアルゴリズムである．

　トライ法は入力文字列の部分文字列の探索を行う場合，さらに威力を発揮する．たとえば，「くるまでまっていた」という入力文字列に対して，ある位置（たとえば先頭）からはじまる部分文字列のうち，与えられた文字列集合に含まれるものをすべて捜し出すというような場合である．このような処理は日本語文の形態素解析などで必要となる処理である．これをハッシュ法などで行おうとすれば，「く」，「くる」，「くるま」，「くるまで」，…とすべての部分文字列に対して個々に探索を行わなければならない．ところがトライ法の場合には根ノードからの遷移を一通り行うだけで，「く」-失敗，「くる」-発見，「くるま」-発見，「くるまで」-失敗，それより長い文字列はすべて失敗，ということがすべて分かる．

　ところで，これまで説明してきたトライ法の木構造データは実際にはそのままの形で実現することは難しい．日本語で通常用いられている文字は数千種類あるので，各ノードがもつ配列の大きさも数千ずつとなり，そのような木構造

は数段で記憶領域が爆発してしまうからである．一つの解決法は，文字を単位としてノードを分岐させるのではなく，文字を構成する各ビット（日本語の場合 1 文字は 16 ビット）ごとに分岐を行う方法である．こうすれば，各ノードでポインタを管理する配列は大きさ 2 ですむので，記憶領域の爆発を避けることができる．

## 1.6　文字列の照合

この節では，文字列の**パターン**(pattern)と別の文字列（こちらをテキストとよぶことにする）の**照合**(match)の問題を取り扱う．文字列の照合にはさまざまな問題の設定がある．それぞれの場合にどのような処理が行われるかを順に説明していく．

### （a）完全一致

まずパターンが普通の文字列であり，パターンとテキストが**完全一致**(exact match)するかどうかを調べる問題を考えよう．パターンがテキスト全体と一致するかどうかを調べる場合は，1.4 節のアルゴリズム 1.1 によって，二つの文字列中の文字を前から順に比較していき，すべてが一致するかどうかを調べる．この場合，対象となるのは単語程度の短い文字列であることが多いので，計算量の問題はほとんどない．

次に，テキストの中にパターンと一致する部分文字列があるかどうか調べる問題を考える．これを行うもっとも素朴なアルゴリズムは次のものである．ただしパターンの長さを $m$，テキストの長さを $n$ とする．

［アルゴリズム 1.6（最も単純な文字列部分一致検出）］
  **begin**
    $match\_loc := 0;$
    **for** $i := 1$ **to** $n-m+1$ **do begin**
      **for** $j := 1$ **to** $m$ **do**
        **if** $text[i+j-1] \neq pattern[j]$ **then goto** 1;　… 不一致なら次の $i$ へ
      $match\_loc := i;$　　　　　　　　　　　… $pattern$ 全体と一致
      **goto** 99;

```
      1:
   end;
    99:
   end
```

　このアルゴリズムは最悪の場合 $m \times n$ 回の文字比較を行うことになる（たとえばテキストが aaaaaaaaa でパターンが aaab であるような場合）．しかし，英語の場合でも数十，日本語の場合には数千の文字種があるので，文字の一致はまれにしか起こらず，実際の文字比較回数は $n$（テキストの文字数）に近い値となる．

　部分文字列の一致を調べる場合には，テキストが数百文字から，長い場合には数百万文字という場合もある．そのためアルゴリズムを高速化することには十分意味があり，これまでに様々な工夫が考えられてきた．ここでは，その中で実際上最も有効な高速化である**ボイヤー・ムーア**（Boyer-Moore）のアルゴリズム（以下，BM法と略称）を紹介する．

　BM法の要点は，アルゴリズム 1.6 の内側のループ，すなわちテキストの部分文字列とパターンとの比較をパターンの後ろから順に行うことである（図 1.18）．先ほども述べたように，文字の比較はほとんどの場合不一致となるから，多くの場合パターンの末尾付近で不一致がおこる．このときパターンを大きく（最大 $m$）右にシフトしていくことによって文字比較を $n/m$ に近い回数ですませることができる．すなわち $m=2$ であれば 2 倍，$m=3$ であれば 3 倍の高速化となる．

　パターンをどれだけ右にシフトしてよいかは次のように考えることができる．もし不一致した文字がパターン中に含まれなければ，パターンの長さ分だけシフトしてよいことは明らかである．図 1.18 の 1 回目のシフトはこの例である．一方，不一致の文字がパターン中に含まれる場合は，それが重なる位置までしかシフトすることができない．図 1.18 の 2 回目のシフトでは，不一致の文字がパターンの 5 文字目と同じであるので，そこにパターンの 5 文字目が重なる位置までのシフトになっている．

　このようなパターンのシフト量はあらかじめ文字ごとのテーブルとして計算しておくことができる．パターンの $i$ 番目（$m$ 番目以外）の文字については $m-i$，他は $m$ とすればよい．だだしパターン中に複数回現れる文字については最

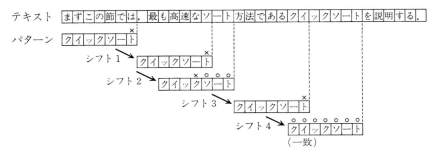

**図 1.18** ボイヤー・ムーアのアルゴリズム

も小さい $m-i$ の値を優先する．図 1.18 の例で用いたパターン「クイックソート」に対するシフト量のテーブルは次のようになる．

| $c$ | イ | ッ | ク | ソ | ー | 他の文字 |
|---|---|---|---|---|---|---|
| $shift[c]$ | 5 | 4 | 3 | 2 | 1 | 7 |

BM 法のアルゴリズムは形式的には次のようになる．

[アルゴリズム 1.7（簡易版ボイヤー・ムーア・アルゴリズム）]
  **begin**
    $match\_loc := 0$;
    **while** $i \geqq n-m+1$ **do beg in**
     **for** $j := m$ **to** 1 **do**
        **if** $text[i+j-1] \neq pattern[j]$ **then** … 不一致ならパターンをシフト
          **begin** $i := i+shift[text[i+m-1]]$; **go to** 1 **end**
     $match\_loc := i$;                                    … $pattern$ 全体と一致
     **goto** 99;
    1:
    **end**;
    99:
  **end**

ここで注意する点は，末尾から何文字かが一致して，そのあとで不一致となった場合のシフトの仕方である．上記の簡易版アルゴリズムではその場合にもパターン末尾の文字を用いてシフト量を決めている．図 1.18 の 3 回目のシフトがこれに相当する．本来の BM 法ではこのような場合さらに複雑な工夫を行

うが，それは実際上の高速化にはほとんど寄与しないのでここでは説明を省略する．

### (b) 正規表現の照合

前節ではパターンとして単なる文字列を与えたが，ここでは**正規表現**(regular expression)とよばれる形式のパターンを取り扱う方法を説明する．正規表現は次のように定義することができる(ここで，$P$ や $Q$ はそれ自身正規表現である)．

| | |
|---|---|
| 文字 | その文字自身 |
| $PQ$ | $P$ と $Q$ をつなげたもの(**連結**，concatenation) |
| $P\|Q$ | $P$ または $Q$ (**選択**，union) |
| $P*$ | $P$ の 0 回以上の繰返し(**閉包**，closure) |
| $(P)$ | $P$ |

これらの間の結合力の強さは閉包，連結，選択の順で，'( )' はそれ以外の結合を示す場合，あるいは結合を明示する場合に用いる．正規表現のパターンの例を挙げておこう．

　　(T | t)ext: Text または text

　　コンピュータ(ー |)：コンピューターまたはコンピュータ

　　(本当の)*話: 話，本当の話，本当の本当の話，本当の本当の … 話

このような正規表現をコンピュータで取り扱うために**オートマトン**(automaton)というモデルを導入する．オートマトンは，文字列を入力として，それが**受理**(accept)されるものであるか**拒否**(reject)されるものであるかを判断する計算機構である．

オートマトンは有向グラフ(ノードと，向きをもったリンクからなるグラフ)であらわされ，グラフのノードを**状態**(state)とよび，リンクには添字が与えられる(図 1.19)．状態の中には一つの**初期状態**(initial state，矢印でマークされたノード)と一つ以上の**最終状態**(final state，二重丸のノード)がある．オートマトンでは動作中いずれかの状態に位置し(すごろくのコマのようなものがあると考えればよい)，その最初の状態が初期状態である．入力として文字列が与えられると，それを 1 文字ごとに読み込み，今いる状態から添字が入力文字と一致する矢印をたどってその先の状態に移動する．この移動を**遷移**(transition)

とよぶ．このような1文字の読み込みとそれに基づく遷移を繰り返し，入力文字列が尽きたときに最終状態にいれば入力文字列は受理，そうでなければ拒否となる．

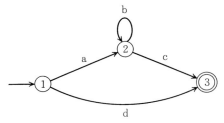

図 1.19　オートマトン

　図 1.19 のオートマトンの例で具体的にその動作をみてみよう．このオートマトンに入力として abc を与えたとしよう．初期状態は状態1で，そこで a を読み込んで状態2に遷移する．続いて b を読み込んでそのまま状態2に，次に c を読み込んで状態3に移動する．この時点で最終状態3にいるので，入力文字列 abc はこのオートマトンによって受理されたということになる．入力が ab であれば状態2で入力が尽きるので拒否となる．また，入力が aba の場合は状態2から a による遷移先がないため，やはり拒否となる．

　図 1.19 のように，各状態である文字が与えられた時の遷移先が一意に決まるオートマトンを**決定性オートマトン**とよぶ．これに対して，図 1.20 のように，同じ文字に対して遷移先が複数存在するものを**非決定性オートマトン**とよぶ．非決定性オートマトンとなるもう一つの要因は，入力を読み込まずに無条件に遷移してよいという場合で，このような遷移を $\epsilon$ **遷移**とよぶ．この場合，矢印には文字のかわりに $\epsilon$ という添字を与える．$\epsilon$ 遷移は遷移してもよいが遷移しなくてもよいので，非決定性となる．非決定性オートマトンの場合には，入力文字列に対してオートマトンが止まるまでにたどる状態の列に何種類もの可能性がある．それらの状態列のうち一つでも最終状態に到達するものがあれ

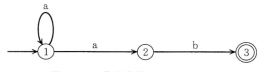

図 1.20　非決定性オートマトン

ばオートマトンは入力を受理すると考える．これが非決定性オートマトンにおける受理の定義である．

　正規表現のパターンは非決定性オートマトンに翻訳することができる．すなわち，ある正規表現のパターンにマッチする文字列集合を受理し，それ以外は拒否するという非決定性オートマトンを作ることができるのである．これは，図 1.21 に示すように，正規表現の閉包，連結，選択，それぞれについて対応するオートマトンの構造があるので，それらを組み合わせることで簡単に実現することができる．

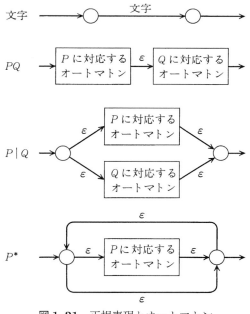

図 1.21　正規表現とオートマトン

　ところで，任意の非決定性オートマトンは，それと等価な(同じ文字列を受理する)決定性オートマトンに変換することができる．たとえば，図 1.20 の非決定性オートマトンと等価な決定性オートマトンは図 1.22 に示すものとなる．この変換の要点は，もとの非決定性オートマトンの状態集合に対して，そのベキ集合の各要素，すなわちもとの状態集合の部分集合を新たなオートマトンの一つの状態とすることである．そして，非決定性において遷移先が複数の

状態となることを，状態の部分集合間の遷移とみることで1対1の遷移として扱う．たとえば，図 1.20 のオートマトンで状態 1 からの a による遷移先が状態 1 と状態 2 である非決定性は，図 1.22 の状態 {1} からの a による遷移先が状態 {1,2} であるという形で扱われる．このように遷移を定義することによって，もとの非決定性オートマトンと同じ文字列を受理する決定性オートマトンを作ることができる．

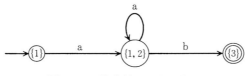

図 1.22　決定性オートマトン

長い準備になったが，このようなオートマトンの考え方を用いれば，正規表現パターンに対する文字列照合は次のように実現することができる．

（1）正規表現パターンから図 1.21 の対応関係によって非決定性オートマトンを作成する．

（2）テキスト(比較対象の文字列)に対して非決定性オートマトンを動作させ，受理または拒否を判定する．

（2）′ 非決定性オートマトンを決定性オートマトンに変換する．テキスト(比較対象の文字列)に対してこの決定性オートマトンを動作させ，受理または拒否を判定する．

(2)の方法と (2)′ の方法を計算量の観点から比較しておこう．まず，(2)の方法，すなわち非決定性オートマトンをそのまま動作させる場合を考える．この場合，状態の数を $m$ とすれば 1 文字読み込むごとに状態の集合から次の状態の集合への計算が必要となり，これに最大 $O(m)$ の計算量がかかる．長さ $n$ のテキストを処理する場合，結局 $O(mn)$ の計算量となる．状態の数 $m$ は正規表現パターンの長さ $r$ と同程度であるから，これは $O(rn)$ と言い換えることもできる．ただし，実際には $O(n)$ に近い計算量ですむことが多い．

一方，(2)′ の方法で決定性オートマトンを用いる場合は，1 文字ごとの遷移は決定的であるから $O(1)$ であり，長さ $n$ のテキストを処理する計算量は $O(n)$ となる．ただし，非決定性オートマトンから決定性オートマトンへの変換に正規表現の長さを $r$ として最悪の場合 $O(2^r)$ の計算量が必要となる(状態

のベキ集合を扱うのであるから $2^m$ となり，$2^m \simeq 2^r$)．ただし，これも実際には $O(2^r)$ の計算量になることは滅多にない．

　結論としては，決定性オートマトンに変換する方が非決定性オートマトンをそのまま使うよりは高速であるが，そのための前処理に手間と時間がかかる．すなわち，一定のパターンについて大量のテキストの処理を行う場合は決定性オートマトン，そうでない場合は非決定性オートマトンを用いるのが賢明である．

　これまで説明してきた方法は正規表現パターンとテキスト全体が照合するかどうかを調べるものであった．これをテキストの部分文字列との照合を調べるように拡張することは容易である．すなわち，非決定性オートマトンの段階で任意の文字に対して初期状態から初期状態への遷移を追加し，最終状態に到達した時点ですぐに受理を知らせる枠組を追加すればよい．なお，これらの変更は決定性オートマトンへの変換を何ら複雑にするものではない．

### (c) 近似照合

　文字列の照合を完全一致ではなく**近似照合**(approximate string matching)で行いたいという場合がしばしばある．
　(1)　desk と desks，happy と happier などの語尾変化の吸収
　(2)　center と centre，コンピュータとコンピューターなど異表記の吸収
　(3)　検索などでキーが不確かな場合(人名の綴りが確かでない場合など)
　(4)　検索などでテキスト側に誤りの可能性がある場合(タイプミスや OCR (光学的文字読取装置)の読み込み誤りなど)

前節で述べた正規表現パターンの利用もこのような問題を扱う一つの方法であるが，上記(3)や(4)の問題に対して誤りの様々な可能性を考慮して正規表現パターンを与えることは容易でない．そうではなく，適当な文字列を与えればコンピュータがそれに近い文字列を勝手に探してくれるという方が多くの場合ありがたい．

　このような近似照合を行うためには，二つの文字列の間に距離というものを定義し，入力文字列(パターン)に対して距離がある値以下の文字列を取り出すということを行えばよい．文字列間の距離は，一方の文字列に対して基本的な変更を繰り返し行い，何回変更を行えばもう一方の文字列と同じになるかとい

うことで定義できる．基本的な変更としては，1文字の削除，1文字の置換，1文字の追加，などを考える場合が多い．たとえば HILLIER と MILLER の距離を考えと，HILLIER の H を M に変更し，後ろの I を削除すれば MILLER と一致するので，距離 2 ということになる．

　一般に二つの文字列を一致させるための変更手順は複数ありえるので，そのうちの最小のものを距離とする．このような最小距離の計算はダイナミックプログラミングの方法によって求めることができる．文字列 $s$ と文字列 $t$ の距離を求めるものとしよう．このとき，$s$ の $i$ 文字目までの部分文字列 $(s[1]\cdots s[i])$ と $t$ の $j$ 文字目までの部分文字列 $(t[1]\cdots t[j])$ との距離を $f(i,j)$ で表すことにすると，$f(i,j)$ は次のような漸化式によって求めることができる．

$$f(0,0) = 0$$
$$f(i,j) = \min[f(i-1,j)+1,$$
$$f(i,j-1)+1,$$
$$f(i-1,j-1)+d(s[i],t[j])]$$

ここで

$$d(s[i], t[j]) = \begin{cases} 0 & s[i] = t[j] \text{ のとき} \\ 1 & \text{それ以外のとき} \end{cases}$$

　最小値を選ぶ各項は $s[1]\cdots s[i]$ を $t[1]\cdots t[j]$ に一致させるための次のような変更手順に対応する．

　$f(i-1,j)+1$: $s[1]\cdots s[i-1]$ を $t[1]\cdots t[j]$ に一致させるための変更を行い，その後 $s[i]$ を削除する．この時の距離は $f(i-1,j)$ に $s[i]$ の削除分 1 を加えたものとなる．

　$f(i,j-1)+1$: $s[1]\cdots s[i]$ を $t[1]\cdots t[j-1]$ に一致させるための変更を行い，その後 $s[1]\cdots s[i]$ に $t[j]$ を追加する．この時の距離は $f(i,j-1)$ に $t[j]$ の追加分 1 を加えたものとなる．

　$f(i-1,j-1)+d(s[i],t[j])$: $s[1]\cdots s[i-1]$ を $t[1]\cdots t[j-1]$ に一致させるための変更を行い，その後 $s[i]$ を $t[j]$ に置き換える．この時の距離は $f(i-1,j-1)$ に $s[i]$ の置換分 1 を加えたものとなる．$s[i]$ と $t[j]$ が同じであれば置換は必要ないので，距離は $f(i-1,j-1)$ のままでよい．

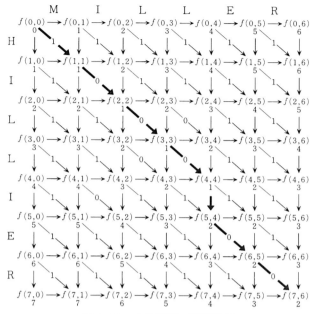

図 1.23 文字列間の距離計算

HILLIER と MILLER についてこのような計算をした結果を図 1.23 に示す．この計算の結果，これらの距離は $f(7,6)$，すなわち 2 と求まる．

1 文字削除，置換，追加に加えて，タイプを打つ時などによく生じる隣接 2 文字の反転(the と hte など)を距離 1 で扱うように拡張することも簡単である．その場合には漸化式で最小値を選ぶ部分に，

$$f(i-2, j-2) + d(s[i-2], t[j-1]) + d(s[i-1], t[j-2]) + 1$$

という項を追加すればよい．

この方法による距離計算の計算量は $O(mn)$ となる．これは，単語程度の文字列の照合であれば問題にはならないが，大規模な文字列を対象とする場合には問題となる．

このように任意の距離を計算しようとするのではなく，一定距離内の文字列だけを取り出すという場合には，高速な照合方法がある．これは前節で説明したオートマトンの考え方を用いる方法で，たとえば abc に対して 1 文字の削除，置換，追加を 1 回だけ許すような文字列，すなわち距離 1 の文字列を受理

するオートマトンは図 1.24 のように作成できる．下の状態列は変更なしで照合が進む場合，上の列は 1 回の変更を経て照合が進む場合に対応する．下の列から上の列への真上への遷移は 1 文字の挿入，1 列右上への遷移は 1 文字の置換，2 列右上への遷移は 1 文字の削除に対応する．同様の状態列をもう 1 段積めば，距離 2 の文字列集合を受理するオートマトンを作ることもできる．

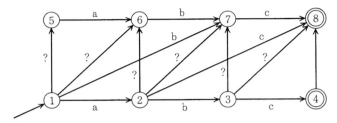

図 1.24　近似照合 (? は任意の文字での遷移を表す)

図 1.24 の非決定性オートマトンは，非決定性ではあるが状態集合間の遷移が規則的であるので，このオートマトンを $O(n)$ の計算量でシミュレートするプログラムを作ることができる．このように，距離を制限した近似照合は $O(n)$ の計算量で実現することができる．

## 1.7　テキストデータベース

個人の場合にも組織の場合にも，コンピュータに大量のテキストを蓄積してデータベースとして活用することが広く行われるようになった．新聞記事データベース，企業の技術資料やマニュアルのデータベース，図書館の目録データベース，裁判などの判例データベースなど様々なものがある．オンライン辞書や百科事典も一種のテキストデータベースである．また，個人がそれまでに受けとった電子メールの蓄積も一種のテキストデータベースと考えることができる．

テキストをただ単に大量に蓄積するだけであれば，ギガバイト単位の記憶装置を持つ最近のパーソナルコンピュータにはたやすいことである (1 ギガバイトで新聞 5 年分程度のテキストが入る)．テキストデータベースの要件はいかにして必要なテキストを高速に取り出すかという点にある．これまでに説明してきた種々の文字列処理が，テキストデータベースにおいてどのように利用され

るかを整理し，この章の締めくくりとする．

テキストデータベースの最も単純な形態は，テキストの集合に対して順に入力文字列との文字列照合を行い，照合するテキストを取り出すものである（図1.25(a)）．すなわち，単純な**全文検索**(full-text search)システムである．この場合，1.6節で紹介したボイヤー・ムーアのアルゴリズムを用いると，テキスト全体の長さを $l$，入力文字列の長さを $m$ とすれば $O(l/m)$ の計算量となる．小規模な場合はよいが，ある程度以上の大きさになるとこの方法でのデータベースの実現は難しい．

二つ目の形態は，各テキストに対してキーを選び，キーの一覧と各キーから元のテキストへのポインタ（リンク）を用意する方法である（図1.25(b)）．このようなキーとポインタの対応表は**転置ファイル**(inverted file)とよばれる．入力文字列とこのキー集合との間で検索処理を行い，一致したキーからポインタをたどることで元のテキストを得る．この場合には，キー集合に対して1.5節で述べた種々の操作を施しておくことにより，キーの数（＝テキストの数）を $n$ として $O(\log n)$ あるいは $O(1)$ の検索が可能となる．オンライン辞書・事典の場合には，見出し語をキー，見出し語の説明文章をテキストとみなせばこの形態のテキストデータベースとなる．

二つ目の形態をさらに進めて，各テキストに複数のキーを付与し，また入力文字列の方も（普通）複数の文字列を与えるという形態が考えられる（図1.25(c)）．この場合には，まず各入力文字列と一致するキーを取りだし，そのポインタ集合に対して論理積演算を行うことになる．大量のテキストデータに対する全文検索を実現する場合には，この形態がとられることがある．すなわち，テキスト中のすべての単語をそのテキストのキーとするのである．

二つ目の形態のもう一つの拡張として，キーに種類を設けて，それぞれに別の転置ファイルを作成する方法が考えられる（図1.25(d)）．典型的な例は，図書目録のデータベースなどで，書名，著者名など複数種類のキー付与を行う場合である．入力としては1種類のキーを指定することも，複数種類指定することもありえる．複数の場合は先ほどの形態と同じくポインタの論理積演算が行われる．

全文検索をテキスト中のすべての単語をキーとして実現する方法は，転置ファイルのサイズが元テキストと同等あるいはそれ以上となり，大規模テキスト

48    1 テキスト処理

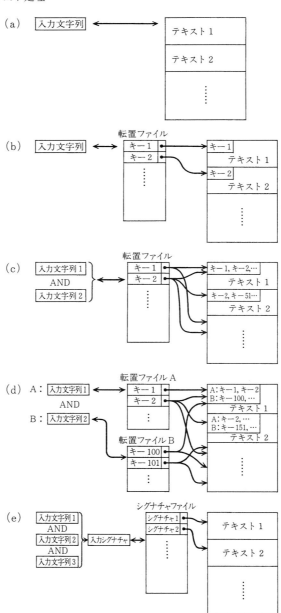

図 1.25  テキストデータベースの種々の形態

## 1.7 テキストデータベース

データベースの場合には無視できない問題となる．これを解決する方法として**シグナチャ**(signature)**法**とよばれる方法がある．シグナチャ法ではテキストの特徴をビット列表現したもの（これを**シグナチャ**とよぶ）を作成し，シグナチャ間の照合により検索を行う（図1.25(e)）．

シグナチャの計算は次のように行う（図1.26）．まず，テキストに含まれる各単語に対してハッシュ関数の値を計算し，その値で示されるビット位置だけを'1'としたビット列を単語のシグナチャとして作成する．そして，テキスト中の全単語のシグナチャの論理和をとり，これをテキストのシグナチャとする．これをデータベース中のすべてのテキストに対してあらかじめ行っておく．入力についても（文や句である場合にはまずその中の単語を取り出した後）その単語集合に対して同様の方法でシグナチャを計算する．このような処理をした後，入力のシグナチャを完全に包含する，すなわち入力のシグナチャで'1'となっているビット位置はすべて'1'となっているシグナチャを照合するものとして取り出す．

入力文字列

言語，情報

| 文字列 | ハッシュ値 | シグナチャ |
|---|---|---|
| 言語 | 2 | 00000010 |
| 情報 | 6 | 00100000 |
| 入力のシグナチャ | | 00100010 |

テキスト1

言語，情報，処理，……

| 文字列 | ハッシュ値 | シグナチャ |
|---|---|---|
| 言語 | 2 | 00000010 |
| 情報 | 6 | 00100000 |
| 処理 | 1 | 00000001 |
| …… | | |
| テキスト1のシグナチャ | | 10100011 |

テキスト2

スキー，情報，……

| 文字列 | ハッシュ値 | シグナチャ |
|---|---|---|
| スキー | 2 | 00000010 |
| 情報 | 6 | 00100000 |
| …… | | |
| テキスト2のシグナチャ | | 00110010 |

**図1.26** シグナチャ法

シグナチャにより照合しないと判断されたテキストには入力中の単語が**すべて含まれることはない**とわかるので，それ以上調べる必要はない．一方シグナチャが照合したテキストでも，ハッシュの衝突の問題があるので必ずしも入力中のすべての単語が含まれているとはかぎらない．そのため照合したテキストが入力中の単語をすべて含むかどうかは，後処理によって判定する必要がある．しかし，そのような後処理を含めても単純な全文検索を行うよりははるかに高速であり，また，転置ファイルを用意するよりははるかに少ない記憶容量ですむことになる．

## 第1章のまとめ

1.1　コンピュータの内部では文字は1バイトまたは2バイトの文字コードとして表現されている．

1.2　文字の印刷や画面表示には図形としての文字の情報を収めたフォントが用いられる．フォントにはビットマップ・フォントとアウトライン・フォントがある．

1.3　テキストのコンピュータ内部での表現形式としては，イメージ情報としての表現，論理情報としての表現（＋物理情報への対応付け），物理情報としての表現がある．

1.4　文字列集合を辞書式順序にならべる整列には，クイックソート，基底法などのアルゴリズムがある．これらを利用することで，$N$グラム統計をとったり，KWICを作成することができる．

1.5　文字列集合から入力文字列と一致するものを捜し出す検索では，2分探索，ハッシュ法，トライ法などのアルゴリズムがある．

1.6　パターンとテキストの一致を調べる照合については，文字列間の完全一致，文字列間の近似照合，正規表現パターンとの照合などさまざま場合がある．これらにはオートマトンのモデルを利用することができる．

1.7　テキストデータベースには種々の形態があるが，基本的には文字列の整列，検索，照合などの基本操作の組合せで実現することができる．

# 2
# 情報検索

## 2 情報検索

【本章の課題】

　多数の情報の中から求める情報を探し出すことを，一般に**情報検索**と呼ぶ．この情報検索が「ことば」と密接に関わってくるのは，「ことば」が情報を表現する最も汎用のメディアであるからである．事実，古くから多くの情報が「ことば（テキストメディア）」によって表現されてきており，情報を探すということは，多くの場合，その情報について書かれたテキストを探すということに他ならない．

　情報検索において問題となるのは，この「ことば」と情報の複雑な対応関係である．明らかに，「ことば」と情報は一対一には対応しない．「ことば」は，文脈に応じてそれが意味する情報が異なるとともに，ある情報を「ことば」によって表現する方法は一般に多数考えられる．情報検索システムが最終的に扱いたいものは，「ことば」ではなく，それが表現している情報である．しかしながら，情報そのものを直接扱う手段はなく，「ことば」を巧みに扱うことにより，間接的に情報を扱うしか方法がない．この意味において，情報検索のための言語情報処理を考えることは，言語情報処理の最大の応用分野である機械翻訳とはまた違った角度から，「ことば」と情報の関係について考えるよい機会を提供する．このような「ことば」と情報の関係を念頭に置きつつ，本章では，人間の情報検索を支援するシステムとその実現技術について，主に自然言語処理の立場から述べる．

## 2.1 情報検索と情報検索支援

ここでは，まず，「検索」ということばを辞書で調べることから始めよう．『新明解国語辞典第四版』によれば，「検索」とは，「書いている事柄について，どこに書いてあるかをなんらかの方法で調べ出すこと」である．情報検索ということばを広く捉えるならば，何かについて調べることすべてを含むことになるが，実際的には，ある文書(書籍，論文，資料)群から知りたいことが書かれている文書を特定すること(**文献検索**)がその中心的な課題となる．

この情報検索は，実際にどのように行なわれるのであろうか．これを理解する一つの近道は，ある書籍の中から自分が知りたいことが書かれている場所を探す場合を考えてみることである．あなたは，普段，どのような方法を用いているだろうか．

ここでは三つの方法を取り上げよう．第1の方法は，目次を眺め，知りたいことが書いてありそうな場所を見つけるという方法である．これを**目次による検索**と呼ぼう．第2の方法は，自分が知りたいと思っていることを表す「ことば」で索引を引き，それについて書かれた場所を見つけるという方法である．これを**索引による検索**と呼ぼう．最後の方法は，本文を最初から最後まで通読することにより，求める場所を見つけるという方法である．これを**通読による検索**と呼ぼう．ある書籍の中から知りたい情報がどこに書かれているかを探す場合，これらのいずれかの方法を用いるか，あるいは，それらを組み合わせて用いる場合がほとんどであろう．

一方，文書群から求める文書を特定する場合も，これらの方法にほぼ対応する三つの方法がある．

(1) **分類を用いた検索**(目次による検索に対応)

分類を用いた検索とは，図書館の分類システムや書店の配架システムを利用して求める文書を特定する方法である．

(2) **キーワード検索**(索引による検索に対応)

キーワードを用いて求める文書を特定する方法である．まず，それぞれの文書にその文書の内容を表すキーワード(索引語)を付加する．次に，それぞれのキーワードに対してそれがどの文書に付加されているかを示す，文

書群全体の索引を作る．検索者は，この索引を利用して求める文書を特定する．

（3）　**全文検索**（通読による検索に対応）

文書群の全文を走査して，検索者が与えたキーワードが出現する箇所をすべて見つけ出す．

情報検索にコンピュータが利用される以前は，情報検索とは，基本的に，図書館において文献を探すことであり，そこでは，分類を用いた検索が**主題検索**（表題や著者から文献を探すのではなく，内容から文献を探すこと）の中心的方法であった．この意味において，日本十進分類法（NDC）（日本図書館協会 1995）や国際十進分類法（UDC）（情報科学技術協会 1994）などの図書分類システムは，立派な情報検索支援システムといえる．また，分類を用いた検索の実現に必要な，文献の分類作業は，情報検索支援の一つとして位置付けられる．しかしながら，分類を用いた検索は，コンピュータの利用によってそれほど変わったわけではない．開架書架を歩くかわりに，コンピュータのディスプレイで書籍リストを眺めることによって求める文書を探すことができるようにはなったが，この方法の前提となる文献を分類する作業自体は，ほとんど人手で行なわれているのが現状である．

一方，キーワード検索や全文検索は，コンピュータの利用を前提とした情報検索である．文書群全体に対する巨大な索引を作って利用することや，文書群のテキスト全体の中からキーワードの出現箇所を見つけることは，人手で行なうのは現実的ではなく，コンピュータを利用することによって初めて可能となる．歴史的に見るならば，キーワード検索の技術がまず確立され，その問題点を解決するために，多くの拡張が考えられてきた．全文検索もその一つの拡張として提案されたものであるが，1990年代中期のインターネットとワールドワイドウェブの急速な発展により，インターネットの検索エンジンの実現法として一躍脚光を浴びるようになっている．

以下では，まず，2.2節から2.4節にかけて，キーワード検索と全文検索に関わる基本的な技術（狭義の検索技術）について述べ，そこに内在する問題点について議論する．2.5節では，情報検索に関わるそれ以外のいくつかの技術を，情報の組織化という観点から整理して述べる．2.6節では，インターネット関連の情報検索について述べる．最後に，2.7節で今後の展望について述べる．

## 2.2 情報検索システム

### (a) 情報検索システムの枠組

先に述べたように，情報検索の中心は，ある文書(書籍，論文，資料)群から，知りたいことが書いてある文書を特定する文献検索である．これを素直な形で実現するシステム，すなわち，どういう文書がほしいかということを入力し，それを満たすような文書のリストを出力するようなシステム(狭義の**情報検索システム**)について，その実現法を考えてみよう．

まず，このようなシステムの最も簡単な概念図を書いてみよう(図2.1)．検索者である人間は，例えば，「機械翻訳に関する文献を探したい」と考えている．これを**検索要求**と呼ぶことにしよう．一方，検索の対象となるものは，過去の書籍や論文，資料といった文書群である．検索システムに求められる機能は，検索者の検索要求とこれらの文書群を照合し，その要求に適合するものだけを選び出すということになる．

**図 2.1 情報検索の概念図**
情報検索を実現するためには，それぞれの文書が検索者の検索
要求に該当するかどうかを判定することが必要となる．

さて，この概念図をより具体化して，実際にシステムを作ることを考えよう．このためには，次の二つの問題に対して具体的な方法を与えなければならない．

(1) 検索者の持っている検索要求をどうやって検索システムに伝えるか．

そもそも，検索要求は，検索者の頭の中にあるものであり，実際に検索システムを使って情報検索を行なうためには，頭の中にある検索要求を外在化し，なんらかの表現を用いてシステムに伝達しなければならない．具体的にどのような表現形式を用いるかが，ここでの問題の中心となる．

(2) それぞれの文書が(システムに伝えられた)検索要求に合っているかどうかをどうやって判定するか．

これは上記の問題と深く関わってくる．システム内部において入力された検索要求と文書内容を照合する際には，(a) それぞれの文書に書かれた内容をどのような形式で表現しておくか，(b) 検索要求と文書内容という二つの表現間の照合判定を実際にどのように行なうか，を明確にする必要がある．

これらの二つの問題に対する現時点での標準的な解は，検索要求と文書内容の両者を**語**(単語や複合語：term)の集合として表現する方法である(図2.2)．これは，「テキストが表現している内容は，語の集合という形で近似的に表現できる」という考え方(仮説)に従っている．

**図 2.2 語を用いた照合**
検索要求と文書をそのままの形で照合するのは困難であるが，語という中間的な媒体を用いることによって，照合が可能となる．

実際の検索システムの構成は，もう少し複雑である．図2.3にその構成(アーキテクチャ)を示す．この図からわかるように，検索システムには，大きく二つのデータの流れがある．

一方の流れは，どのような文書がほしいかという，検索要求から出発する

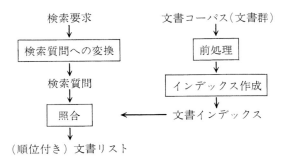

**図 2.3 情報検索システムの構成**
検索システムでは，検索の高速化を図るために，あらかじめ文書インデックスを作成しておき，実際の照合では，このインデックスを利用する．

流れである．単純なシステムにおいては，照合で利用する**検索質問**(retrieval query)をユーザーが入力することが普通であるが，より高度なシステムにおいては，いろいろな形式の検索要求を受け付け，その検索要求から照合で用いる検索質問を自動的に合成することが行なわれる．

もう一方のデータの流れは，検索の対象となる文書コーパス(文書群)から出発する流れである．まず，前処理において，語の認識処理(形態素解析)を行ない，その後，それぞれの文書内容をある形式(典型的には，語の集合)に変換し，それらを照合時に利用しやすい形に整理して準備しておく．こうして作成されたものを，一般に，**文書インデックス**(document index)と呼ぶ．

照合は，この二つのデータの流れが交わるところであり，検索質問を満たす文書群を，文書インデックスを用いて求めることを行なう．こうして得られる検索結果は，文書リスト(該当する文書のリスト)，あるいは，適合の度合に応じて順位付けられた文書リストとして出力される．

### (b) 伝統的なキーワード検索

最も単純な検索システムを図 2.3 に沿って説明しよう．ここで説明する検索システムは，いわゆる**キーワード検索**を実現するものである．

#### 検索質問

キーワード検索システムは，ひとつの語，あるいは，複数の語を論理演算子で結合したものを，検索質問として受け付ける．論理演算子 $\wedge, \vee, \sim$ は，それぞれ標準的な意味を持つ．すなわち，論理積 $T_1 \wedge T_2$ は，二つの語 $T_1$ と $T_2$ の両方が，その文書の索引語リストに含まれていることを要請する．これに対して，論理和 $T_1 \vee T_2$ は，二つの語 $T_1$ と $T_2$ の少なくとも一方が，その文書の索引語リストに含まれていることを要請する．否定 $\sim T$ は，語 $T$ がその文書の索引語リストに含まれていないことを要請する．

例えば，「英語以外の言語に対する文脈依存文法や文脈自由文法の学習に関する文献」を探したい場合を考えよう．この場合，例えば以下のような検索質問をシステムに与えることになろう．

$$(\sim 英語) \wedge (文脈依存文法 \vee 文脈自由文法) \wedge 学習$$

ここで注意しなければならないことは，この検索質問によってシステムに伝え

られる内容は，正確には，「『英語』という語を索引語として含まず，かつ，『文脈依存文法』か『文脈自由文法』という語を索引語として含み，かつ，『学習』という語を索引語として含む文書を探せ」ということである点である．このなかで，否定を含んだ「〜 英語」という指定には，特に注意が必要である．これが真に意味することは，「『英語』という語を索引語として含まない」ということであり，「英語以外の言語」（例えば，ドイツ語やフランス語）を意味するわけではない．そのため，「英語」と「フランス語」の両方が索引語となっている文書は，検索されないことになる．

ここでの問題は，概念（意味）の世界に属する検索要求と，ことばの世界に属する検索質問の間の隔たりから発生する問題である．単純なキーワード検索システムでは，検索要求をこのような形式の検索質問に変換する作業は，検索者である人間に委ねられる．

### インデックスの作成

一方，検索の対象となる文書群からは，**転置インデックス**（inverted index）と呼ばれるインデックスが作成される．このインデックスはどの索引語がどの文書に現れるかを示すものであり，その作成処理は，大きく二つのステップに分けられる．

第1のステップは，それぞれの文書に対して，その文書を代表する**索引語**（index term）を決定することである．これは，**索引語付け**（indexing），あるいは，**索引語の自動抽出**と呼ばれる．例えば文書1の索引語として索引語1, 2, 3が選ばれたとしよう．これらは表2.1のように表すことができる．この表の"1"は索引語として選ばれたことを"0"は選ばれなかったことを表す．第2のステップは，第1のステップで得られたもの，つまり，文書とそれに対する索引語リストという形の表を，索引語とそれに対する文書リストという形の表に変換することである．この第2のステップは，表2.1を表2.2（転置インデックス）に変換することであり，概念的には何も難しいところはない．つまり，ここでの問題は，第1のステップをどのように実現するかということになる．

### 語の頻度を利用した索引語の自動抽出

ある文書群が与えられたとき，それぞれの文書に対してどのような語を索引

## 2.2 情報検索システム

**表 2.1** 文書と索引語

|  | 索引語 1 | 索引語 2 | 索引語 3 | 索引語 4 |
|---|---|---|---|---|
| 文書 1 | 1 | 1 | 1 | 0 |
| 文書 2 | 0 | 1 | 1 | 1 |
| 文書 3 | 1 | 0 | 1 | 1 |
| 文書 4 | 0 | 0 | 1 | 1 |

**表 2.2** 転置インデックス

|  | 文書 1 | 文書 2 | 文書 3 | 文書 4 |
|---|---|---|---|---|
| 索引語 1 | 1 | 0 | 1 | 0 |
| 索引語 2 | 1 | 1 | 0 | 0 |
| 索引語 3 | 1 | 1 | 1 | 1 |
| 索引語 4 | 0 | 1 | 1 | 1 |

語として採用するかという問題に対して，現在，語の頻度を利用した **TF.IDF (法)** と呼ばれる方法が広く用いられている．この方法は，次の二つの値がその基礎となっている．

第 1 の値は，文書 $D_i$ において，ある語 $T_j$ が何回出現したかを表す値で，**語頻度**(term frequency)と呼ばれる．

$$tf_j^i = \text{文書}\, D_i \,\text{における語}\, T_j \,\text{の出現回数} \tag{2.1}$$

第 2 の値は，ある語 $T_j$ が，文書群のなかでいくつくらいの文書に現れるかということを表す値で，**文書頻度**(document frequency)と呼ばれる．

$$df_j = \text{語}\, T_j \,\text{を含む文書数} \tag{2.2}$$

TF.IDF 法は，この二つの値を次のように組み合わせ，文書 $D_i$ において語 $T_j$ を索引語として採用するかどうかを決定する指標 $w_j^i$ を計算する．

$$w_j^i = tf_j^i \cdot \log \frac{N}{df_j} \tag{2.3}$$

ここで $N$ は文書群に含まれる文書数を表す．この指標は，語頻度(term frequency, TF)と文書頻度の逆数(inverse document frequency, IDF)を掛けたものであるので，**TF.IDF** と呼ばれる．この値は，文書 $D_i$ における語 $T_j$ の頻度 $tf_j^i$ が高く(その文書に何度も現れ)，かつ，その語の文書頻度 $df_j$ が低い(特定の文書にしか出現しない)場合に，大きな値をとる．つまり，そのような語を索引語として採用しようということである．

実際に索引語を割り当てる際には，ある閾値を設け，それぞれの文書に対して $w_j^i$ の値が閾値以上である語を索引語として採用する．なお，冠詞や前置詞などの機能語や助詞や助動詞といった付属語は，あらかじめ**不要語**(ストップワード)として排除しておき，自立語，あるいは，名詞に限定してこれらの値を計算する場合もある．表 2.3 に，『岩波情報科学辞典』の全項目を文書群とし，各項目をひとつの文書とした場合の，索引語の抽出例を示す．なお，式 (2.3) の値は，索引語の重み(重要度)として利用されることがある．これについては，2.3 節で述べる．

**表 2.3** TF.IDF による索引語の抽出例

『岩波情報科学辞典』の全 4229 項目を全文書とした場合の，「情報学」項目と「情報検索」項目における，TF.IDF の値の上位 10 語．形態素解析には JUMAN 3.4 を用い，名詞(数詞を除く)と未定義語(カタカナ語等)のみを対象とした．

| $D=$「情報学」 | | | | $D=$「情報検索」 | | | |
|---|---|---|---|---|---|---|---|
| $w$ | 単語 $(T)$ | $tf$ | $df$ | $w$ | 単語 $(T)$ | $tf$ | $df$ |
| 14.67 | 情 報 | 20 | 781 | 13.20 | 質 問 | 7 | 55 |
| 10.34 | 組織化 | 4 | 11 | 13.15 | 文 献 | 7 | 56 |
| 8.78 | 追 究 | 3 | 5 | 9.58 | 検 索 | 6 | 107 |
| 6.98 | 言 葉 | 4 | 76 | 8.85 | キーワード | 4 | 26 |
| 6.20 | 科 学 | 4 | 119 | 8.05 | 索 引 | 4 | 41 |
| 4.39 | 活 用 | 2 | 27 | 6.32 | 主 題 | 3 | 33 |
| 4.33 | 学 問 | 2 | 29 | 3.41 | 蓄 積 | 2 | 83 |
| 4.24 | 収 集 | 2 | 32 | 3.15 | 全 文 | 1 | 3 |
| 4.23 | 概 念 | 4 | 371 | 3.02 | 重 要 | 1 | 4 |
| 3.63 | ミハイロフ | 1 | 1 | 2.93 | 情 報 | 4 | 781 |

**照　合**

それぞれの文書が検索質問に適合するかどうかの照合は，転置インデックスを用いることで容易に実現できる．転置インデックスは，どの索引語がどの文書に現れるかを示しているので，例えば，「索引語 1 ∧ 索引語 2」に該当する文書を求めることは，それぞれの索引語に対する行ベクトルの論理積を求めることになる．表 2.2 の転置インデックスを用いた場合，以下のようになる．

$$
\begin{array}{rll}
\text{索引語 1} & \mathbf{1010} & = \{\text{文書 1}, \text{文書 3}\} \\
\text{索引語 2} & \mathbf{1100} & = \{\text{文書 1}, \text{文書 2}\} \\
\hline
\text{索引語 1} \wedge \text{索引語 2} & \mathbf{1000} & = \{\text{文書 1}\}
\end{array}
$$

より複雑な検索質問に対しても，まったく同様に該当文書を求めることができる．

以上が，伝統的なキーワード検索システムの実現法の概略である．

### （c） 検索システムの評価

伝統的なキーワード検索システムの問題点に進む前に，**検索システムの評価法**，すなわち，検索システムの良し悪しをどのように判定するかということについて簡単に触れておこう．この評価には，通常，再現率と適合率と呼ばれる二つの値が用いられる．

**再現率**（recall）とは，ユーザーの求める文書（検索要求に該当する文書）がどの程度検索されるかということを表す指標で，以下のように定義される．

$$
\text{再現率 } R = \frac{\text{検索された該当文書の数}}{\text{全文書中の該当文書の数}} \tag{2.4}
$$

一方，**適合率**（precision）とは，検索された文書中にユーザーが求める文書がどの程度の割合で存在するかということを表す指標で，以下のように定義される．

$$
\text{適合率 } P = \frac{\text{検索された該当文書の数}}{\text{検索された文書の数}} \tag{2.5}
$$

これら二つの値を模式的に表したのが図 2.4 である．理想的には，これらの二つの値を両者とも 1 に近付けることが望ましい．つまり，検索されない該当文書は存在せず（再現率＝1），かつ，検索された文書はすべて該当文書である（適合率＝1）場合が理想である．しかし，実際的には，これら二つの値にはトレードオフの関係が存在し，再現率を上げようとすると適合率が下がり，適合率を上げようとすると再現率が下がるということが起こる．

### （d） 問 題 点

(b)項で述べた伝統的なキーワード検索システムには，どのような問題があ

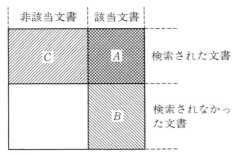

**図 2.4** 再現率と適合率
再現率は $A/(A+B)$，適合率は $A/(A+C)$ で与えられる．

るのだろうか．

　転置インデックスを用いた照合は，索引語と論理演算子の組合せとして与えられる検索質問に対し，それに該当する文書を高速に計算する論理的な方法であり，方法自体に問題はない．ただし，得られる検索結果は，該当文書の集合であり，適合の度合に応じて順位を付けるなどの機能を提供することはできない．

　一方，語の頻度を利用した索引語付け(TF・IDF 法)は，基本的にヒューリスティックな(多くの場合に有効だが，必ずうまくいくという保証はない)方法であるため，全体としてはまあまあの索引語集合を割り当てることができるとしても，詳細に見れば，割り当てられるべき索引語が割り当てられていなかったり，逆に，不適切な索引語が割り当てられていたりする．前者は再現率低下の原因になり，後者は適合率低下の原因となる．

　より大きな問題は，検索要求や文書内容を索引語と論理演算子の組合せという形で表現するということに内在する原理的な問題である．

　第 1 に，索引語それ自身が曖昧性を持っている場合がある．例えば，「文法学習」という語を考えよう．これは，「機械による文法の自動推定」とも，「人間が文法を学ぶこと」とも，どちらの意味にも取れる．このような曖昧性を持った索引語による検索は，両方の内容の文書が検索されてしまうため，適合率低下の原因となる(図 2.5(a))．

　第 2 に，一つの内容を表すのに，複数の索引語が使われる場合がある．例えば，「機械翻訳(コンピュータによる自動翻訳)」においては，「機械翻訳」，「自

動翻訳」,「コンピュータ翻訳」などが索引語として選ばれる可能性がある.「機械翻訳」を表す文書に,これら三つの索引語がすべて付加されている場合は問題は生じないが,通常は,そのどれか一つしか付加されない場合がほとんどである.このような場合は,一つの索引語では,その索引語が付加されている文書しか検索できないことになり,再現率が低下することになる(図 2.5(b)).

第 3 に,このような形式の検索質問では,複数の索引語間の関係を明示的に表現できない.例えば,「コンピュータ ∧ 言語 ∧ 処理」という検索質問を考えよう.この場合,検索者が知りたいこと(検索要求)は,「コンピュータ用の言語の処理(コンパイラなど)」なのか,「コンピュータを利用した言語の処理(自然言語処理)」なのか,まったくわからない.つまり,検索質問の表現力が貧弱であるため,複数の検索要求が一つの検索質問に縮退してしまい,これが再現率を低下させることになる(図 2.5(c)).

これら三つの問題は,「索引語の組合せでは,テキストの内容を近似的にしか表現できない」ことに起因する問題である.

これら三つの問題に加えて,もう一つ大きな問題がある.その問題とは,本方式は,検索者である人間が適切な検索質問をシステムに入力できることを全

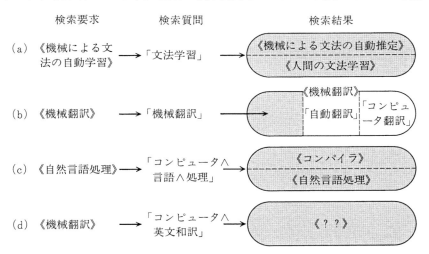

**図 2.5 キーワード検索の問題点**
「ことば」と情報の対応関係という点から整理すると,四つの場合に分けることができる.実際の検索においては,これらの組合せにより,再現率と適合率が低下する.

面的に仮定しているという点である．例えば，検索者は機械翻訳のことについて知りたいと思っているのに，それとはまったく関係ないことばが入力されたならば，システムはまったくお手上げである．では，どこまでは許容範囲なのであろうか．「コンピュータ ∧ 英文和訳」は許容範囲に含まれるのであろうか．「英語 ∧ 日本語 ∧ 変換」はどうであろうか（図 2.5(d)）．

　この問題をよく考えてみると，先に述べた再現率や適合率といった評価基準は，実は問題をはらんでいるということがわかる．つまり，これらの評価基準の前提となる「検索要求に該当する文書」という概念は，それほど客観的なものではなく，多分に主観的な概念なのである．しかし，それでは検索システムの客観的な評価ができないということになってしまうので，通常，それぞれの検索質問に対して正解（検索されるべき文書集合）を第三者が決定し，それを該当文書として使用することにより，これらの値を計算する．このような方法によって，評価にある種の客観性を持たせているわけであるが，逆に，ユーザーが本当に知りたい主観的な評価（実際にそのシステムを使って，どれだけ検索がうまくいくかということ）からは離れてしまっているのである．

　ユーザーが検索システムを使ってうまく検索できないと感じる場合の多くは，次の二つの原因のいずれかではないかと筆者は考えている．その一つは，ユーザーが考えている「概念とことばの対応づけ」と，システム側（文書群）が採用している「概念とことばの対応づけ」にずれがある場合である．ユーザーは機械翻訳について知りたいと思っているが，「機械翻訳」という専門用語を知らず「コンピュータ ∧ 英文和訳」という検索質問を入力する．一方，システムは，機械翻訳について書かれた文書群に，「機械翻訳」という索引語しか割り当てない．ゆえに，それらの文書群は検索されないことになる（図 2.5(d)）．

　もう一つは，実際に該当する文書が存在しない場合である．検索の対象となっている文書群がデータベースとして完璧であり，ユーザーとシステム間において「概念とことばの対応づけ」にずれがない場合，検索を行なって該当文書が見つからなかったということは，「そのようなものはない」という重要な情報をユーザーにもたらすことになる．しかしながら，実際の検索システムにおいては，このような前提条件は成立しないため，該当文書が検索されない場合，与えた検索質問が不適切で検索されないのか，それとも本当に該当する文書が存在しないのか，まったくわからない．それゆえ，検索に不慣れなユーザーは

検索がうまくいかないと感じてしまうのである．

## 2.3 検索システムの高度化

前節で述べた伝統的なキーワード検索は，与えられた検索質問に対して，それを満たす該当文書を求める方法であった．これに対して，単に該当文書を求めるだけでなく，適合の度合でそれらを順位付けして出力する方法がいくつか考えられている．ここでは，その代表例として，ベクトル空間法と呼ばれる検索法について述べる．この方法は，後述の関連フィードバック法と組み合わせることにより，ユーザーの検索要求をより明確な形で引き出すこともできる．また，検索質問の自動合成とパッセージ検索と呼ばれる検索法についても述べる．

### (a) ベクトル空間法

**ベクトル空間法**(vector-space model)とは，文書と検索質問の両方を，ある統一的な空間の中に表現し，その間に**類似度**(similarity)を定義することによって，似ている文書を探し出すことを実現する方法である．

今，$t$個の索引語が利用できる場合を想定しよう．それぞれの索引語$T_i$に，ベクトル$V_i$を対応させることを考える．これらのベクトルが線形独立である場合，$t$次元のベクトル空間が定義されることになり，この空間におけるすべてのベクトルは，$t$個の索引語に対応する$t$個のベクトル$V_i$の線形結合として表現できることになる．このようなベクトル空間において，文書$D_r$を以下のように表現する．

$$D_r = \sum_{i=1}^{t} a_i^r V_i \tag{2.6}$$

ここで，係数$a_i^r$は，文書$D_r$における索引語$T_i$に対する値であり，最も単純な場合には，文書$D_r$において索引語$T_i$が出現する場合は1，出現しない場合は0とする方法が取られる．また，より複雑な場合は，文書$D_r$における索引語$T_i$の重要度を表す実数(例えば，式(2.3))が採用される．図2.6にベクトル空間における文書の表現の例(2次元の場合)を示す．

検索質問$Q_s$に対しても，このようなベクトル表現が同様に可能である．

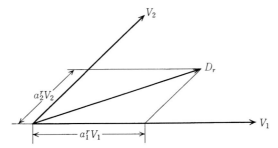

**図 2.6** ベクトル空間における文書の表現
索引語をそれぞれ意味の単位と考え，文書 $D_r$ を索引語に対応するベクトル $V_i$ の線形結合として表現する．

$$Q_s = \sum_{i=1}^{t} q_i^s V_i \tag{2.7}$$

ここで，係数 $q_i^s$ は，先の式 (2.6) の $a_i^r$ と同様である．すなわち，最も単純な場合には，検索質問 $Q_s$ において索引語 $T_i$ が出現する場合は 1，出現しない場合は 0 とする方法が取られる．また，より複雑な場合は，検索質問 $Q_s$ における索引語 $T_i$ の重要度を表す実数を，検索者に入力してもらう方法が取られる．

以上の定義から明らかなように，ベクトル空間法は，$t$ 個の索引語のそれぞれを意味の基本単位と考え，それらの線形結合として，文書や検索質問の意味内容を表現しようという方法である．このことにより，文書や検索質問の意味内容に対する操作をベクトル演算として実現することが可能となり，テキスト検索を実現するために必要な文書と検索質問の照合は，以下に示すように，ベクトル間に**類似度**を定義することによって実現されることになる．

ベクトル空間において，二つのベクトルの類似度は，いろいろな形で定義できる．ここでは，以下の**内積**を用いる方法を採用しよう．

$$x \cdot y = |x||y|\cos\theta \tag{2.8}$$

ここで，$|x|$ はベクトルの長さを示し，$\theta$ は二つのベクトルのなす角を表す．このような類似度を採用した場合，文書 $D_r$ と検索質問 $Q_s$ の類似度は，以下のようになる．

$$\text{sim}(D_r, Q_s) = D_r \cdot Q_s = \sum_{i,j=1}^{t} a_i^r q_j^s V_i \cdot V_j \tag{2.9}$$

ここでは簡単のために，$t$ 個の語ベクトル $V$ は，それぞれ直交していると仮定

しよう．この場合，

$$V_i \cdot V_j = \begin{cases} 0 & i \neq j \text{の場合} \\ 1 & i = j \text{の場合} \end{cases} \quad (2.10)$$

となるから，式(2.9)は以下のように簡単化される．

$$\text{sim}(D_r, Q_s) = \sum_{i=1}^{t} a_i^r q_i^s \quad (2.11)$$

以上で，文書と検索質問の類似度が定義できたことになる．

このような類似度を定義すれば，実際の検索は簡単に実現できる．
［1］ あらかじめ，各文書に対する文書ベクトルを式(2.6)を用いて計算しておく．実際には，係数 $a_i^r$ を計算しておけばよい．
［2］ 検索質問が与えられると，式(2.7)を用いてそれを検索質問ベクトルに変換する．
［3］ 検索質問ベクトルと，すべての文書ベクトルとの類似度を計算する．
［4］ 全文書を類似度の大きい順に並べる．
［5］ 上位 $M$ 位までの文書を出力する．

例を図2.7に示す．

このような類似度を用いた検索法の主な長所は，以下の二つである．
（1） 該当文書を，順位付けして出力することができる．実際の検索では，順位付けられた該当文書のうちの上位の数文書だけで，検索者の要求に答えられる場合がほとんどであり，網羅的な検索が必要な場合は，かなり限られる．
（2） 検索を何回か繰り返す場合には，以前の検索結果を次の検索質問に反映させること(関連フィードバック)が可能である．

(b) 関連フィードバック法

検索システムを作る際の一つの大きな障害は，システムのユーザーが，どのような検索要求を持っている場合にどのような検索質問をするのか(つまり，どのように概念をことばに対応づけるのか)，あらかじめ予想できないという点にある．ということは，逆に，ユーザーの立場から考えるならば，ある検索質問に対して，自分が求めるような検索結果が返ってくるという保証はないとい

(a) 文書と検索質問のベクトル表現

$D_1 = 3V_1 + 2V_2 + 4V_3 + 0V_4$
$D_2 = 1V_1 + 3V_2 + 0V_3 + 2V_4$
$D_3 = 2V_1 + 4V_2 + 1V_3 + 5V_4$
$Q = 1V_1 + 0V_2 + 2V_3 + 0V_4$

(b) 類似度計算

$\text{sim}(D_1, Q) = 3\cdot 1 + 2\cdot 0 + 4\cdot 2 + 0\cdot 0 = 11$
$\text{sim}(D_2, Q) = 1\cdot 1 + 3\cdot 0 + 0\cdot 2 + 2\cdot 0 = 1$
$\text{sim}(D_3, Q) = 2\cdot 1 + 4\cdot 0 + 1\cdot 2 + 5\cdot 0 = 4$

(c) 検索出力

| 順位 | 類似度 | 文書 |
|---|---|---|
| 1 | 11 | $D_1$ |
| 2 | 4 | $D_3$ |
| 3 | 1 | $D_2$ |

**図 2.7 ベクトル空間法**
まず，文書と検索質問をベクトルとして表現する．次に，検索質問とそれぞれの文書の類似度を計算する．最後に，類似度の大きい順に並べ，出力する．

うことである．このような状況は，システム設計者にとってもユーザーにとっても好ましい状態ではない．それを解決する一つの方法が，**関連フィードバック**(relevance-feedback)と呼ばれる方法である．

関連フィードバックでは，1回の検索で最終的な結果を得るのではなく，何回か繰り返して検索を行ない，徐々に検索結果をユーザーの求めるものに近付けていく．今，ユーザーがある検索質問を作り，検索を行なったとしよう．そこで得られた検索結果の上位5位までのうち，1, 3, 4位の文書は，検索要求に沿った該当文書であったのに対し，2, 5位の文書は，検索要求とは無関係なものであったとしよう．関連フィードバックでは，このようなユーザーによる検索結果の評価をフィードバック情報として利用し，検索の再現率や適合率を高めようとするものである．

ベクトル空間法による検索は，模式的に，図2.8のように表すことができる．ある検索質問に対する検索結果は，ベクトル空間(ここでは，図に合わせて2次元で考える)において，検索質問を中心とする円の中にはいる文書であ

る．これらの文書のうち，いくつかはユーザーが求める文書（該当文書）であり，また，いくつかは不必要な文書である．次の検索では，検索された該当文書を残し不必要な文書を排除するとともに，先の検索では見つからなかった該当文書が新たに見つかるような検索を行ないたい．これを行なうには，検索質問を，検索された文書のうちのユーザーの要求に適合した該当文書の方へ「動かせ」ばよい．これは，検索質問ベクトルを変更することによって実現できる．

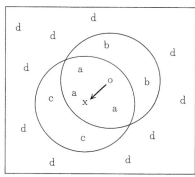

o：検索質問
a：検索された該当文書
b：検索された非該当文書
x：新しい検索質問
c：新たに検索された文書
d：その他の文書

**図 2.8　関連フィードバックの概念図**
先の検索結果に対するユーザーのフィードバック情報を元に，検索質問ベクトルを修正し，該当文書の中心により近付けることを行なう．

この検索質問ベクトル $Q$ を変更する方法としては，

$$Q' = Q + \frac{1}{|R|} \sum_{D_i \in R} D_i - \frac{1}{|N|} \sum_{D_j \in N} D_j \qquad (2.12)$$

あるいは，

$$Q' = Q + \alpha \sum_{D_i \in R} D_i - \beta \sum_{D_j \in N} D_j \qquad (2.13)$$

が用いられる．ここで，$R$ は検索された文書のうちの該当文書を，$N$ は非該当文書を表す．また，$\alpha$ と $\beta$ は適当な係数である．これらの式は，元の検索質問ベクトルに，該当文書の文書ベクトルを足し，非該当文書の文書ベクトルを引くことによって，検索質問ベクトルを該当文書の中心に近付けるものである．

変更された検索質問ベクトルによって再度検索を行なうと，先に検索された非該当文書が検索されなくなる代わりに，先の検索では得られなかった文書が新たに検索される．これらの文書は，すでに該当文書であることが判明してい

る文書に「近い」文書であるため,該当文書である可能性が高い.

### (c) 検索質問の自動合成

どのような検索手法を用いようとも,ユーザーの検索要求がシステムに正しく伝えられない限り,検索がうまくいくはずがない.その意味において,検索質問をユーザーが直接入力する方式では,検索の成否はユーザーの技量に負うところが大きい.先に述べた関連フィードバックは,この問題を軽減する一つの方法であるが,この他に,検索質問をユーザーが直接入力するのではなく,ユーザーの入力(検索要求)に対してある処理を施し,そこから検索質問を自動合成する方法がある.

検索質問の自動作成にかかわる最も基本的な手法は,**シソーラス**(thesaurus)を用いた類義語や関連語の付加である.ここでのシソーラスとは,それぞれの語に対して,その語の類義語,関連語などを整理したものである(Aitchison & Gilchrist 1987).例えば,ユーザーの入力が「コンピュータ翻訳」であったとしよう.シソーラスにおいて,「コンピュータ翻訳」の類語として,「機械翻訳」,「自動翻訳」などが定義されていた場合,それらの語を含めた検索質問を合成することになる.これにより,再現率が向上することが期待できる.

上記の方法はシソーラスが必要であるが,関連フィードバックのメカニズムを利用することによって,シソーラスなしで,検索質問に関連語を付加することが可能となる.その裏にある仮定は,「ある検索質問に対する上位 $M$ 位までの検索結果は,ほぼ信頼できる」というものである.その仮定を採用すれば,以下のような手順で検索質問に関連語を付加することが実現できる.

[1]　ユーザーが入力した検索質問(検索質問ベクトル)で1回検索を行なう.
[2]　その検索結果の上位 $M$ 位までの文書を該当文書として検索質問ベクトルを変更する.変更には,関連フィードバックの式(2.13)を用いる.
[3]　変更後の検索質問ベクトルで2度目の検索を行ない,その結果をユーザーに提示する.

最初の検索で得られた上位 $M$ 位までの文書には,もともとの検索質問に関連した語が多数含まれることが期待できるため,シソーラスを用いた類義語や関連語の付加とほぼ同等の効果が期待できる.このような手法を,**検索質問の自動展開**(automatic query expansion)と呼ぶ(Buckley et al. 1995).

上記のバリエーションの一つに，ユーザーは検索要求としてある文書をシステムに与え，システムはその文書と似た文書を探すという形態がある．この場合，システムは，まず，その文書から検索質問ベクトルを構成し(これには，文書から文書ベクトルを生成する方法がそのまま使われる)，次に，その検索質問ベクトルを用いて検索を行なう．この検索結果をそのままユーザーに提示してもよいし，あるいは，その検索結果の上位 $M$ 位を該当文書として関連フィードバックを 1 回行なった結果を提示してもよい．

### (d) パッセージ検索

これまでの話では，検索の単位は，一つの文書というだけで，その長さについてはなにも考えてこなかった．しかしながら，一般に文書といっても，数文からなる短いものから，数百ページに及ぶ長いものまでいろいろなバリエーションがある．これらをすべて単に文書として同じように扱うのは，あまり賢明な方法とは言えない．そこで，もう少し小さな単位(例えば，1 段落とか 200 単語程度のテキスト)を導入し，これを検索の単位に用いるという方法が考えられる．

この方法のもう一つの背景は，一つの文書に複数の内容が書かれることがあるという事実である．例えば，ある文書の前半では，機械翻訳について述べられており，後半では，文法の自動学習について述べられているとしよう．この文書に対して索引語付けを行なうと，機械翻訳に関連する索引語と文法の自動学習に関連する索引語の両方が割り当てられることになる．ベクトル空間法では，文書ベクトルは割り当てられた索引語に対するベクトルの線形結合であるから，この文書を代表するベクトルは，機械翻訳だけについて書かれた文書の文書ベクトルとは少し違ったものとなり，機械翻訳に関する文書を検索する際に，検索されない可能性が出てくる．このような問題は，文書全体から文書ベクトルを求めるのではなく，より小さな単位ごとにその単位を代表するベクトルを求めることによって回避できる．なぜならば，小さな単位においては，そこに書かれている内容はひとつのことであり，その内容に特徴的なベクトルが得られることが期待できるからである．

このように，文書全体にそれを代表するベクトルを割り当てるのではなく，より小さな単位(**パッセージ**)ごとに代表ベクトルを計算し，これを用いて検

索する方法を**パッセージ検索**(passage retrieval)と呼ぶ．パッセージ検索では，検索結果は単にどの文書というだけでなく，この文書のこの場所というように，それが書かれている場所がより特定された形で得られることになる．

## 2.4 全文検索

キーワード検索は，索引語を使って文書を探すため，それぞれの文書に適切な索引語が付加されていない場合は，完全にお手上げである．先に述べたように，各文書に適切な索引語を付加することはそれほど簡単ではなく，完璧な索引語付加は不可能である．それならば，いっそ索引語を付加することを止めてしまい，文書群全体を走査して，与えられたキーワードが出現する場所をすべて探してしまうのはどうだろうか．こうして生まれたのが**全文検索**(full-text search and retrieval)である．

比較的少量の文書群に対しては，実際に文字列を走査してキーワードの出現場所を求める方法(**文字列照合**)(1.6節参照)が取られることがあるが，大規模な文書群に対しては，検索実行時に全テキストを走査するのは現実的ではなく，テキストに出現するすべての単語に対して転置インデックスを作成し，これを利用して全テキスト走査と同等のことを実現する方法が取られる．つまり，全文検索は，文書に出現するすべての語を索引語として選ぶことにより実現される．

全文検索を実現するには，各種の方法があるが(真島 1996)，ここでは，単語インデックスを利用する方法と，文字列インデックスを利用する二つの方法について述べる．

### (a) 単語インデックスを用いた全文検索

単語インデックスを用いた全文検索の実現法は，2.2節で説明したキーワード検索の手法を多少拡張した方法である．通常のキーワード検索では，それぞれのキーワード(索引語)がどの文書に出現しているかという転置インデックスを作成するが，全文検索のためには，それぞれの単語がどの文書の何番めの単語として存在しているかという転置インデックスを作成する(図2.9)．

このような転置インデックスを作成しておくと，以下のような検索が実現で

## 2.4 全文検索

| 文書番号 | | 単 語 番 号 | | | | | | |
|---|---|---|---|---|---|---|---|---|
| | | 123 | 124 | 125 | 126 | 127 | 128 | |
| 1 | … | of | comments | for | HTML | source | documentation | |
| 2 | … | unique | Internet | name | or | Internet | Protocol | |
| 3 | … | the | first | HTML | document | or | so-called | |

⇓

| 単語 | 出現位置（文書番号:単語番号） |
|---|---|
| ⋮ | |
| document | (3:126) |
| ⋮ | |
| HTML | (1:126) (3:125) |
| ⋮ | |
| Internet | (2:124) (2:127) |
| ⋮ | |
| or | (2:126) (3:127) |
| ⋮ | |
| unique | (2:123) |
| ⋮ | |

**図 2.9** 全文検索のための単語インデックス

文書に存在するすべての単語に対して，その出現位置（文書番号と単語番号）を記録する．このインデックスの大きさは，単語文字列を格納する部分を別にすると，(延べ単語数)×(一つの出現位置に対する記憶容量)となる．

きる．

（1） 単語列の検索

同一文書番号を持ち，連続する単語番号を持つ二つの単語は，連接している．これにより，任意の長さの単語列がどの文書のどの位置に存在するかを転置インデックスだけから決定できる．

（2） 近接する単語ペアの検索

二つの単語がある範囲（例えば，10語以内）に存在するかどうかを文書番号と単語番号を使って決定できる．

なお，この方法は，基本的に 2.2 節(b)で述べた方法に基づいているので，上記の検索と論理演算子 ∧，∨，～ を組み合わせることが可能である．

単語インデックスを用いた全文検索の問題は，検索の対象とする文書から単

語を切り出す必要があるという点にある．英語やフランス語などは，単語間にスペースが存在するため，単語の切り出しは比較的容易であるが，いわゆる語尾変化をどう扱うかに関しては，決定的な解はない．例えば，通常，単数形と複数形は同一単語として認識してインデックスを作成するが，単数であるか複数であるかということが非常に大きな情報を担っており，これらは別単語として扱うべきだという指摘もある (Riloff 1995)．

一方，日本語のように単語間に明示的な区切りが存在しない言語の場合，テキストからの単語の切り出し (**形態素解析**) はやっかいな問題となる (本講座第 3 巻第 2 章参照)．そのため，日本語の全文検索においては，形態素解析を必要としない文字ベースの全文検索手法が用いられることが多い．

### (b) 文字列インデックスを用いた全文検索

文字ベースの全文検索を実現する簡単な方法は，前項の単語インデックスを単語ではなく文字に対して作る方法である．すなわち，それぞれの文字に対して，その文字が出現する場所 (文書番号と文字の出現位置) を記録した転置インデックス (**文字インデックス**) を作成する．前項の単語列の検索と同様，このインデックスによって，任意の長さの文字列の出現場所を決定できる．しかしながら，インデックスを参照する回数は，単語ベースの場合の数倍になるとともに，文字の平均出現回数は，単語の平均出現回数を大きく上回るため，検索のスピードという点では，単語インデックスを使う場合に比べて，著しく不利である．

検索スピードを向上させるためには，二つのことを考えればよい．一つは，インデックスを参照する回数を減らすことであり，もう一つは，インデックスのそれぞれの項目の出現回数を減らすことである．この二つのことは，1 文字に対するインデックスを作るのでなく，連続する $n$ 文字に対するインデックス ($n$-gram index) を作ることによって達成できる．例えば，いま，「機械翻訳」という文字列で全文検索する場合を考えよう．もし，1 文字インデックスを使う場合は，それぞれの文字でインデックスを参照するため，インデックスの参照回数は 4 回となる．これに対して 2 文字インデックスを使う場合は，「機械」と「翻訳」の 2 回で済むことになる．さらに，1 文字インデックスを使う場合は，「機」と「械」でそれぞれインデックスを引き，その結果から二つの文字

が連続しているかどうかをチェックしなければならないが，2文字インデックスを使う場合は，すでにそれが計算されており，単に「機械」の項目を引けばそれが得られる．ここで特に重要なのは，「機械」の出現回数は，「機」の出現回数に比べて劇的に少ないという点である．このため，1文字インデックスを用いて計算する場合と，2文字インデックスを使う場合では，劇的に速度が異なることになる．

単語インデックスを用いる場合と比較した場合の $n$ 文字インデックスの欠点は，インデックスのサイズが大きくなるという点である．例えば，「機械翻訳」という文字列に対して2文字インデックスを作る場合，「機械」，「械翻」，「翻訳」の三つの2文字に対して出現場所を記録しておく必要がある．これに対して単語インデックスの場合は，「機械翻訳」を1語とすれば，記録する出現場所は一つとなり，2文字インデックスの1/3で済むことになる．一般に，インデックスの大きさは，以下の式で見積ることができる．

$$\text{インデックスのサイズ} \approx \text{出現位置の数} \times d + C \quad (2.14)$$

ここで，$d$ は，一つの出現位置を記憶するために必要な記憶容量である．また，$C$ は，単語や文字列の字面を記憶するために必要な容量である．$C$ の値は，テキストのサイズが小さい場合はテキストのサイズに比例して増加するが，テキストのサイズが大きくなると，新しい単語や文字列はまれにしか見つからなくなるため，それほど増加しなくなる．そこで，$C$ を無視することとし，$d$ を8バイト(文書番号に4バイト，単語番号に4バイト)とすると，インデックスの大きさは，単語インデックスの場合は(延べ単語数 × 8)バイト，$n$ 文字インデックスの場合は(延べ文字数 × 8)バイトとして見積ることができる．この結果，この二つの値の比は，単語の平均文字長(1単語が平均何文字から構成されているか)となることがわかる．なお，日本語テキストの1文字は2バイトであるため，1ギガバイト(GB)のテキストの $n$ 文字インデックスのサイズは，$(1\,\text{GB}/2) \times 8 = 4\,\text{GB}$ となる．このように $n$ 文字インデックスは元のテキストの大きさより大きくなることもあるため，インデックスのサイズを小さくする各種の工夫が施されるのが普通である．

$n$ 文字インデックスがある固定長の長さの文字列に対するインデックスを作成するのに対し，**半無限部分文字列**(semi-infinite string)のインデックスを作成し，これを用いて全文検索を行なう方法がある．その概念図を図2.10に示

| | 半無限部分文字列 | | 半無限部分文字列(辞書式順序) |
|---|---|---|---|
| 1 | This␣is␣a␣sample␣text. | 8 | ␣a␣sample␣text. |
| 2 | his␣is␣a␣sample␣text. | 5 | ␣is␣a␣sample␣text. |
| 3 | is␣is␣a␣sample␣text. | 10 | ␣sample␣text. |
| 4 | s␣is␣a␣sample␣text. | 17 | ␣text. |
| 5 | ␣is␣a␣sample␣text. | 22 | . |
| 6 | is␣a␣sample␣text. | 1 | This␣is␣a␣sample␣text. |
| 7 | s␣a␣sample␣text. | 9 | a␣sample␣text. |
| 8 | ␣a␣sample␣text. | 12 | ample␣text. |
| 9 | a␣sample␣text. | 16 | e␣text. |
| 10 | ␣sample␣text. | 19 | ext. |
| 11 | sample␣text. | 2 | his␣is␣a␣sample␣text. |
| 12 | ample␣text. | 6 | is␣a␣sample␣text. |
| 13 | mple␣text. | 3 | is␣is␣a␣sample␣text. |
| 14 | ple␣text. | 15 | le␣text. |
| 15 | le␣text. | 13 | mple␣text. |
| 16 | e␣text. | 14 | ple␣text. |
| 17 | ␣text. | 7 | s␣a␣sample␣text. |
| 18 | text. | 4 | s␣is␣a␣sample␣text. |
| 19 | ext. | 11 | sample␣text. |
| 20 | xt. | 21 | t. |
| 21 | t. | 18 | text. |
| 22 | . | 20 | xt. |

図 2.10 半無限部分文字列インデックスの作成
半無限部分文字列インデックスを用いると，任意の長さの文字列の出現場所を文字列の辞書式順序の比較操作によって決定できる．

す．
　まず，テキストのそれぞれの文字(位置)に対して，そこを起点とし，テキストの最後を終点とする文字列を考える．これを半無限部分文字列と呼ぶ．なぜならば，テキストが十分長い場合，この文字列の長さは十分に長くなるからである．次に，こうして得られた半無限部分文字列集合を辞書式順序に並べる．あるテキストから生成される任意の二つの半無限部分文字列は，必ず異なった文字列となるから，半無限部分文字列の並べ方は一意に定まる．これで準備完了である．
　さて，ある検索文字列が与えられたとしよう．例えば，ここでは，"is a"が

与えられた場合を考える．まず，最初の文字は "i" であるから，それが一致するものは，半無限部分文字列の最初の 1 文字が "i" であるものに限られることがわかる．半無限部分文字列はあらかじめ辞書式順序に並んでいるので（図 2.10 の右の表），その並びにおいて，一致する可能性がある半無限部分文字列の上限と下限が設定されることになる．さて，次の文字は "s" である．ここでは，上限と下限をそれぞれ最初の 2 文字が "is" であるところまで動かすことを行なう．検索文字列の文字に対して，このような操作を繰り返し，その文字列の最後まで到達したとき，上限と下限にはさまれる部分が存在すれば，それが検索文字列の出現場所となる．もし，そのまえに，上限と下限が一致してしまえば，そのような検索文字列が存在しないことになる．

　本方式は，任意の文字列に対して適用可能である．つまり，言語に依存しない方式となっている．

## 2.5　情報の組織化

　今まで述べてきた狭義の検索は，言わば「情報を探すこと」をコンピュータを用いてどのように支援するかということだといえる．これに対して，もう一つの検索支援のアプローチは，以後の利用を想定して「情報を整理しておくこと」である．これをここでは，**情報の組織化**と呼ぶことにしよう．以下では，情報の組織化において中心的な役割を果たす，選別，分類，重要情報の抽出，要約の四つの処理について述べる．

### (a)　選　　別

　**選別**とは，必要な情報を残し，不要な情報を捨てること，すなわち，情報の取捨選択を行なうことである．選別は，いつ行なわれるかによって，いくつかの異なった名前で呼ばれる．

　情報が必要とされている時点での情報の選別は，**検索**である．つまり，逆に言うならば，検索は，情報をすべてそのまま蓄えておき，必要となった時点で，その中から必要な情報を選別するということである．これについては，すでに述べた通りである．

　情報が得られた時点での情報の選別は，**フィルタリング**(filtering)と呼ばれ

る．フィルタリングは，検索とよく似ているが，未来においてもたらされる情報を想定してシステムを作成しなければならないという点が異なる．

いま，機械翻訳に関連した文書(ニュース記事，電子メール)だけを残す場合を考えよう．そのためのキーワードとして「コンピュータ翻訳」ということばを選んだとしよう．検索の場合は，そのキーワードが適切であるかどうかをユーザーが知り得るチャンスが存在する．それは，実際に検索を実行してみることである．この検索によって，求める文書が見つかれば，そのキーワードは適切であったということになるし，もし，見つからなければ，キーワードを変えて検索を再度実行してみることができる．これに対して，未来にやってくる情報を選別するフィルタリングでは，キーワードを選んだ時点で実際の選別を行なうわけではないので，そのようなフィードバック情報を即座に得ることができない．もし，不適切なキーワードを選んだ場合は，いつまで待ってもいっこうに文書が手元に届かないことになり，それがキーワードのせいなのか，それとも文書がやってこないせいなのか，まったくわからないという状況に陥ってしまうのである．

しかしながら，現存するフィルタリングシステムにおいては，そのような問題点は十分には考慮されておらず，文献検索で標準的に用いられる方法(例えば，ベクトル空間法)がそのままフィルタリングの実現機構として使われている場合がほとんどである．フィルタリングシステムにおいては，どのような文書をほしいかということに関する情報を**プロファイル**(profile)と呼ぶ．これは，検索における検索質問に相当するものである．プロファイルは，多くの場合，いくつかのサンプル文書(該当文書)から自動生成されることが多い．また，フィルタリングされた結果に対してそれがほしいものであったかどうかをユーザーに入力してもらうことによって，プロファイルを更新すること(関連フィードバック)は，フィルタリングにおいては広く用いられる．

(b) 分　類

選別が，ある一群のものを二つのグループに分割するのに対し，二つ以上のグループに分割することを，一般に，**分類**と呼ぶ．テキスト情報の分類は，大きく二つに分けることができる．ひとつは，あらかじめ与えられた分類体系に沿ってテキストを整理する方法であり，もうひとつは，似たようなテキストを

## 2.5 情報の組織化

グループ化することによってテキストを整理する方法である．前者は，テキストに対する**カテゴリ付与**，後者は，**テキストクラスタリング**と呼ばれることがある．

前者のカテゴリ付与では，ある決められたカテゴリ集合の中からその文書に適切なカテゴリを選択し，付与することを行なう．例えば，新聞記事の分類を考えよう．その記事が，政治記事なのか，経済記事なのか，あるいは，スポーツ記事なのかを判定し，そのカテゴリを付与する．一つの記事に対して，カテゴリを一つだけ付与する場合（排他的分類）と複数のカテゴリを付与する場合がある．

テキストに対するカテゴリ付与で必要となることは，与えられたテキストの内容をおおまかに理解することである．これは，ある意味で文献検索の場合とよく似ており，事実，文献検索で使われる方法が，そのままテキストに対するカテゴリ付与でも使われる．

ここでは，その方法を簡単に説明しよう．まず，それぞれのカテゴリに対して，そのカテゴリが付与されるべき文書のサンプルを用意する．次に，そのサンプルから，そのカテゴリを特徴づける量を抽出する．例えば，ベクトル空間法を使うならば，それぞれのサンプル文書は，文書ベクトル（式(2.6)）として表現できるから，それらを足し合わせることによって，そのサンプル文書群（つまり，カテゴリ）に対するベクトルを作成できる．これをそのカテゴリの特徴量（特徴ベクトル）とする．あるいは，単に，そのカテゴリのサンプル文書だけではなく，それらとよく似ているが，そのカテゴリには含まれない文書（ニアミス）を用意し，関連フィードバックの式(2.13)を用いて，特徴ベクトルを作成してもよい．（このような特徴ベクトルは，検索における検索質問，フィルタリングにおけるプロファイルに相当するものであり，検索，選別，分類を，本質的に同じ方法で解いていることになる．）実際のカテゴリ付与は，カテゴリ付与の対象となっている文書それぞれに対し，この特徴ベクトルとの類似度（式(2.11)）を計算し，それがある閾値以上であれば，そのカテゴリを付与することを行なう．

上記の方法は，テキストに対してカテゴリを付与する標準的な方法であるが，付与するカテゴリの抽象度が下がってくる（より詳細な分類カテゴリを付与する）に従い，この方法はあまり有効には機能しなくなってくる．なぜなら

ば，検索の問題点のところでも述べたように，語の集合を用いてテキストの内容を把握するという方法は，テキストの内容をおおまかにしか把握することができないからである．

　例えば，新聞記事の分類において，経済の記事をさらに，企業買収の記事，新製品発売の記事，などに分類することが必要な場合，上記のような索引語(内容語)を利用するより，ある特定の表層表現の存在の有無を調べる方が有効に機能する．例えば，「<企業名>は<いつ>から<何>を販売すると発表した」のような表現が存在すれば，おそらく，新製品発売の記事であると推測できる．

　いずれにしても，精度の高いカテゴリ付与を行なうためには，その文書に現れる，語，フレーズ，文パターンなどあらゆる手がかりを利用して，総合的に付与すべきカテゴリを決定することが必要となる(Hayes & Weinstain 1991)．これらの方法は，対象文書に依存したヒューリスティックな方法となる．

　第2の方法(テキストクラスタリング)は，似ている文書をグループ化することによって，テキストを整理する方法である．この方法では，あらかじめ分類が与えられるわけではなく，分類を自動的に作り出すことを行なう．このような方法は，一般に，**クラスタリング**(clustering)と呼ばれ，その実現には，類似度とクラスタリングアルゴリズムの二つが必要となる．

　テキストのクラスタリングにおいては，テキスト(文書)間の類似度が必要となる．この類似度を定義する方法はいろいろ考えられるが，一つの方法は，ベクトル空間法で定義した文書と検索質問の類似度(式(2.11))と同じように，文書間の類似度を定義する方法である．すなわち，

$$\mathrm{sim}(D_r, D_s) = \sum_{i=1}^{t} a_i^r a_i^s \qquad (2.15)$$

この式が意味することは，おおよそ，「二つの文書間の類似度を，二つの文書に共通して現れる索引語の数として定義する」ということである．

　一方，クラスタリングアルゴリズムにも各種のアルゴリズムが考案されている(長尾 1983)．ここでは，最も単純な階層的クラスタリングを以下に示す．

[**階層的クラスタリングアルゴリズム**]
　(1)　それぞれの文書に対して，その一つの文書からなるクラスターを作る．
　(2)　クラスターの数が一つになるまで，以下を繰り返す．
　　(a)　それぞれのクラスター間の類似度を計算する．

(b) 最も類似度の高いクラスターペアを併合して，一つのクラスターとする．

このアルゴリズムを実際に動作させるためには，クラスター間の類似度が必要となるが，この類似度は，それぞれのクラスターに属するテキスト間の類似度から計算する．標準的には，以下の三つの方法のいずれかが取られる．

（1） クラスター $X$ に含まれるテキスト $x$ とクラスター $Y$ に含まれるテキスト $y$ の類似度のうち，最も大きい値をクラスター間の類似度とする．

$$\mathrm{sim}(X,Y) = \max_{x \in X, y \in Y}(\mathrm{sim}(x,y)) \qquad (2.16)$$

（2） クラスター $X$ に含まれるテキスト $x$ とクラスター $Y$ に含まれるテキスト $y$ の類似度のうち，最も小さい値をクラスター間の類似度とする．

$$\mathrm{sim}(X,Y) = \min_{x \in X, y \in Y}(\mathrm{sim}(x,y)) \qquad (2.17)$$

（3） クラスター $X$ に含まれるテキスト $x$ とクラスター $Y$ に含まれるテキスト $y$ の平均類似度をクラスター間の類似度とする．

$$\mathrm{sim}(X,Y) = \underset{x \in X, y \in Y}{\mathrm{average}}(\mathrm{sim}(x,y)) \qquad (2.18)$$

テキストクラスタリングによって，テキスト群はいくつかのグループに分割されることになるが，この分割結果を実際に分類体系として検索に利用しようとする場合，それぞれのグループに適切な名前(つまり，カテゴリ名)を付ける必要が生ずる．なぜならば，同じような文書がまとまっていても，それがどのような文書群なのかが簡単にわからないならば，求める文書を探すのには，役に立たないからである．分類を用いた検索では，この名前を介して文書群にアクセスすることになるので，適切な名前づけは非常に重要なのであるが，実際には，それほど研究されていないのが現状である．

(c) 重要情報の抽出

あるテキストに書かれている情報のうち，中心的な情報だけを抽出することを主題情報の抽出，あるいは，広く**情報抽出**(information extraction)と呼ぶ．例えば，新聞や雑誌の新製品発表の記事を考えよう．

[**NEXTSTEP 3.3J**]

　　キャノン(Tel 0453-211-9440)は，オブジェクト指向システム・ソフトウェア「NEXTSTEP 3.3J」(日本語版)の販売を開始する．

　　主な特徴は以下のとおり．(中略)

　　価格はユーザー向けの製品版が 98,000 円，アップグレード版が 36,000 円，開発者向けの製品版が 598,000 円，アップグレード版が 168,000 円．(中略)

　　7 月 17 日より出荷開始予定．販売目標は 2,000 本/月．

　　　　　　　　　　　　　　(UNIX MAGAZINE, 1995 年 6 月号)

このような新製品発表の記事の中心的な情報は，

（1）　だれ(メーカー)が
（2）　いつ
（3）　何(製品)を
（4）　いくら(価格)で

売り出すかということである．これは，図 2.11 のようなフレーム形式で表現できる．上記の記事と空のフレーム(テンプレート)が与えられたとき，このフレームの各項目の値を求めることが，主題情報抽出の典型的な課題である．

| 項　目 | 値 |
|---|---|
| メーカー | キャノン |
| 年月日 | 1995 年 7 月 17 日 |
| 製　品 | NEXTSTEP 3.3J |
| 価　格 | 98,000 円(ユーザー向けの製品版) |

図 2.11　フレーム型の抽出情報

　このような主題情報抽出の実現には，いろいろな方法が考えられる．正攻法は，各文を構文／意味解析し，その結果に基づきフレームの各項目の値を求めるという方法であるが，多くの場合，もっと簡単な方法がとられる．例えば，上記の記事の出典である UNIX MAGAZINE の記事をいくつか観察してみると，ほとんどの記事が上記と同じ形式で書かれていることに気がつく．このように対象とする記事が十分限定され，それらの記事が共通の形式で書かれている場合には，そのような知識をうまく利用することで，より簡単に主題情報の抽出が実現できる．

上記の例の場合は，以下のようなパターンを用意すればよいだろう．

(1) <メーカー>は，<製品>の販売を開始する．
(2) 価格は<詳細限定>が<価格>，…
(3) <月日>より出荷開始予定．

各文と上記のパターンとの照合を行ない，照合に成功した場合に，パターンに含まれる変数(例えば，<メーカー>等)に照合した文字列を，フレームの項目の値とすればよい．ここでひとつ注意しなければならないことは，すべての情報が，テキストから得られるわけではないということである．例えば，「年」の情報は，テキストには存在しないが，それが，1995年6月号に掲載されている事実からもたらされる．このように，情報抽出では，テキストから得られる情報だけでなく，他の情報も有効に利用することが重要である．このように抽出された情報は，例えば，新製品データベースに格納されることにより，データベース検索の対象となる．

上記の例では，「新製品発表」の記事というように，記事のカテゴリを限定できたので，抽出すべき情報を図2.11のような形式に設定できた．別なことばでいうならば，「抽出すべき情報とその形式がわかっている」ということである．このような場合の情報抽出は，上記のような方法である程度可能である．しかし，あらゆるテキストの中心的な情報を抽出せよ，とか，テキストに述べられているあらゆる情報を抽出せよ，などの抽出すべき情報もその形も限定できない場合は，「情報抽出＝テキストの理解」であり，現時点の自然言語処理技術では，その実現はほとんど不可能に等しい．つまり，情報抽出においては，抽出した情報をどのように利用するかを含めて，どのような情報を抽出するかということをよく考え，それをうまく限定することが，システムの作成では重要になる．

(d) 要約

前項の情報抽出がテキストからフレーム形式の情報を抽出するのに対し，抽出した情報をテキスト(文章)という形で表現する場合は，**要約**(summarization)と呼ばれる．要約とは，一般に，あるひとまとまりのテキスト(例えば，論文)が表している意味内容を，非常に短いテキストで簡潔に表現すること(あるいは，そのような表現自体)を指す．

人間があるテキストの要約を作成する場合，そのテキストを読み，その内容を理解し，それを再構成しなおして簡潔な文章で表現するという，「理解－再構成－文章生成」というプロセスを取るが，このようなプロセスをそのままコンピュータでシミュレートすることは，現在の技術レベルではほとんど不可能である．しかし，このことは，要約の自動生成がまったくできないということを意味するものではない．以下に述べるような方法で，実用レベルに近い要約を作成することが可能である．

まず，先の人間の要約プロセスのうち，内容を再構成して文章を生成することを放棄する．これが具体的に意味するところは，「元の文章の中から重要な部分だけを残し，その他の部分を削除することによって要約を作成する」ということである．つまり，「文章の理解 ≈ 重要な部分の同定」と近似し，この処理だけで要約を作成する．さらに，この重要な部分の同定も，文章の深い理解に基づくものではなく，（表記のレベルの）表層的な手がかりを総動員することによって実現する．

重要な部分を同定する方法は，大きく二つに分類できる．第1の方法は，対象テキストの構造を積極的に利用する方法である．例えば，論文の要約を作成することを考えよう．論文は通常，序論，本論，結論という構造を持っている．論文の最も重要なことはその研究によって何がわかったかという「結論」であり，それは結論の最初の部分に書かれるのが普通である．このように，対象テキストに要約的なことが述べられる部分があるならば，その部分を抜き出すだけで，実用的な要約を作成することができる．

一方，そのような部分が存在しないテキストに対しては，テキストに含まれる各文の重要度を計算し，重要度の高い文だけを残すことによって要約を作成するという方法が取られる．新聞記事，新聞の社説などの要約では，このような方法が取られる．ここで，文の重要度の計算には，例えば，以下のような特徴が利用される (Watanabe 1996)．

（1） キーワードの出現回数
（2） 特定の表現パターンの存在
（3） 時制(過去，現在)
（4） 文のタイプ(主張，推測，事実，など)
（5） 前文との接続関係(理由，例示，逆説，並列，対比，接続，など)

（6） 文章中の位置

（7） 段落中の位置

要約の作成プロセスでは，以下の式で定義される**要約率**が与えられ，それを越えない限り，重要度の高い文を採用するという方法が取られる（山本他 1995）．

$$要約率 = \frac{要約文の文字長}{原文章の文字長} \tag{2.19}$$

また，必要に応じて，採用した文の重要ではない修飾句を削除することも行なわれる．

以上述べてきた自動要約の手法は，我々人間が，よく理解できない文章の要約を作成する過程によく似ている．理解できる文章の場合は，何が重要であるかということを理解した結果のレベル，つまり，内容のレベルによって判定することを行なうが，理解できない場合は，その判定をテキスト表記のレベルによって行なうことになる．例えば，段落の最初の文は重要である可能性が高いとか，「例えば」で始まる文は要約には含める必要はない，などがこれに相当する．よい文章とは，内容的に重要なことを述べる文や文章が，表記のレベルでもその重要さがわかるような工夫がしてある文章である．そのような文章を対象とする場合は，深い理解なしでもかなりよい要約を作成することができる．

## 2.6 インターネットと情報検索

この 2, 3 年（1994 年から 1996 年）にかけて，情報検索を取り巻く環境は大きな変化を見せている．それをもたらしたのは，インターネットの急速な普及とそれを介してアクセス（入手）できる電子テキストの劇的な増加である．それまでの情報検索が，文献データベースなどの限定された情報ソースを対象とし，研究者やアナリストなどの限られた人々にのみ利用されていたのに対して，インターネットの普及によって情報検索がより身近なものとなり，多くの人々に使われるようになったのである．本節では，この変化の牽引車となった，ワールドワイドウェブとウェブページの検索について述べる．

### (a) ワールドワイドウェブ

ワールドワイドウェブ（World Wide Web, WWW）とは，一言でいうと，イ

ンターネット上に張りめぐらされた巨大な一つのハイパーテキストシステムである．

**ハイパーテキスト**(hypertext)（ネルソン 1994）とは，紙の上に印刷されたテキストが持つ **1 次元順序**という制約から逸脱した電子テキストのことを指す．テキストの 1 次元順序とは，テキストには，始まりと終りがあり，その間，仮想的には一直線上に文字が並んでいることを意味する．例えば，本においては，読者が順を追って読むことを想定し，その順序は注意深く定められる．これは，最終的な生産物としてテキスト全体を紙に印刷することを想定する場合には避けられない制約であるが，逆に紙に印刷することを放棄するならば，そのような制約から逸脱することができる．

ハイパーテキストは，通常，ひとまとまりのテキスト（**ノード**と呼ばれることがある）とそれらの間を結び付ける**リンク**（ハイパーリンク）から構成される．図 2.12 にハイパーテキストの概念図を示す．ハイパーテキストの読み手は，自分の興味に応じて，これらのリンクを自由に辿ることができる．つまり，自分に合った順序で，テキストを読むということが可能となる．

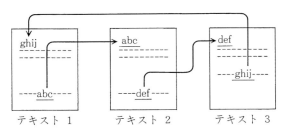

**図 2.12**　ハイパーテキストの概念図
ハイパーテキストはテキスト（ノード）とそれらをつなぐリンクから構成される．

ワールドワイドウェブは，このハイパーテキストを世界規模の分散環境下で実現したものである．すなわち，上で述べたひとまとまりのテキスト（これを**ウェブページ**と呼ぶ）は，インターネットに接続されたウェブサーバー（**ウェブサイト**）のどこにあってもよく，また，リンクは，ウェブページ内のテキストと任意のウェブページを結び付けることができる．つまり，インターネット上の各種の情報をハイパーテキストという基盤を用いて，蜘蛛の網のように統合したものである．

このワールドワイドウェブを実現する基本技術は，
（1） ウェブページを記述する記法である **HTML**（HyperText Markup Language）(1.3節参照)
（2） ウェブページを一意に指し示すことができる名前付けシステム **URL**（Uniform Resource Locator）
（3） ウェブページの通信プロトコル **HTTP**（HyperText Transfer Protocol）

からなる．ここでは，最初の二つについて簡単に説明しよう．

図 2.13 に HTML で記述されたウェブページの例を示す．HTML は，**SGML**（Standard Generalized Markup Language）(1.3節参照) に従っており，各種情報を，**タグ**という形でテキストに埋め込む．ここで埋め込まれる情報は，基本的に，テキストの論理的構造である．リンクに関する情報は，**アンカー**と呼ばれるタグ（`<A>`と`</A>`）によって記述される．この図の例では，次のようなものがこれに相当する．

`<A HREF="http://www.jaist.ac.jp/index.html">`北陸先端科学技術大学院大学`</A>`

ここで，`HREF="http://www.jaist.ac.jp/index.html"` がリンク先のウェブページを指定する記述で，= の後ろの部分が，URL である．これは，おおよそ，「`www.jaist.ac.jp` というインターネットアドレスを持ったコンピュータの `/index.html` というファイルに格納されたウェブページを HTTP というプロトコルを用いてアクセスせよ」ということを意味する．

これまでの説明で，ハイパーテキストでは，テキストだけを扱うように述べてきたが，実は，テキストだけでなく，画像や動画，音声といったメディアも扱うことができる．この図の例では，`<IMG SRC="/people/sato/pic/sato.gif" ALIGN=top>` という記述がこれに相当し，これは，`/people/sato/pic/sato.gif` というファイルに格納されている GIF（Graphics Interchange Format）形式の画像をここに表示せよということを意味している．図 2.13 のウェブページをブラウザ（表示ソフトウェア）で見た場合を図 2.14 に示す．

インターネットにつながったコンピュータがあれば，誰もが自由にウェブサイトを運営することができる．つまり，ワールドワイドウェブは，草の根的情報交換を世界規模で実現したものと考えることもできる．

```
<HTML>
<HEADER>
<TITLE>Satoshi Sato (In Japanese)</TITLE>
</HEADER>
<BODY BGCOLOR=white BACKGROUND ="/gifs/moegi-back.gif">

<BLOCKQUOTE>
<H2>佐藤理史
<FONT SIZE="-1"><A HREF="/people/sato/eng/">English</A></FONT></H2>

<TABLE>
<TR><TD>
<IMG SRC="/people/sato/pic/sato.gif" ALIGN=top><P>
</TD><TD>
<A HREF="http://www.jaist.ac.jp/index.html">北陸先端科学技術大学院大学</A><BR>
<A HREF="http://www.jaist.ac.jp/is/">情報科学研究科</A><BR>
助教授<BR><BR>
〒923-12 石川県能美郡辰口町旭台 1-1<BR>
Email: sato@jaist.ac.jp<BR>
</TD></TR>
</TABLE>

<CENTER><IMG SRC="/gifs/moegi-bar.gif" height=3 width=400></CENTER>

<H3>研究</H3>

<UL>
<LI><A HREF="research/project.html">研究プロジェクト</A><BR>
現在の研究プロジェクトとこれまでの研究プロジェクトについて紹介します。
<LI><A HREF="research/pub.html">著書・論文リスト</A>
<LI><A HREF="research/cv.html">略歴</A>
</UL>

<H3>講義</H3>

1997 年度は、以下の 2 つの講義を担当します。
<UL>
<LI><A HREF="lecture/ai">人工知能特論</A>（I-1 期）
<LI>マンマシンインタフェース特論（II-1 期）
</UL>

<CENTER><IMG SRC="/gifs/moegi-bar.gif" height=3 width=400></CENTER>

<ADDRESS>sato@jaist.ac.jp</ADDRESS>
<!--#include virtual="/people/sato/jap/heading.html"-->
</BLOCKQUOTE>
</BODY>
</HTML>
```

図 2.13 ウェブページの例

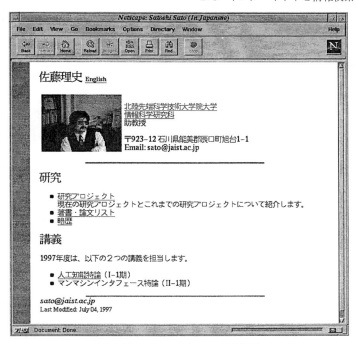

図 2.14 ウェブページの表示例

## (b) ウェブページの検索

ワールドワイドウェブの出現は，求める情報が書かれているウェブページを探し出すという，新しい情報検索の形態をもたらした．それまでの情報検索の中心が，文献検索という 2 次情報データベースの検索であったのに対し，ウェブページの検索は，電子化された 1 次情報の検索であり，そのウェブページの URL がわかれば，即座にそのページを見ることができる（1 次情報にアクセスできる）という意味において，電子化社会の新しい情報検索の形態ということができよう．つまり，インターネットにつながったコンピュータは，世界規模の情報貯蔵庫への入口となってきたのである．

現在，ウェブページの検索には，ウェブディレクトリ，検索エンジン，メタ検索エンジンの 3 種類のツールがよく使われている．

ウェブディレクトリとは，ウェブページを内容に従って分類したもので，ヤ

フー (yahoo!, http://www.yahoo.com/) がその代表格である．ヤフーでは，基本的に木構造の分類システムを採用しており，検索者は，この分類木を上から順に辿ることにより，求める内容のウェブページを探すことができるようになっている．これは，2.1 節で述べた「分類を用いた検索」に対応する．ヤフーでは，ウェブページの分類は人海戦術で行なわれており，また，その分類システムは，図書の分類に用いられる標準的な分類システム (UDC や NDC) とはかなり異なったものとなっている．そのため，有効に活用するためには，ある種の慣れが必要となる．

一方，**検索エンジン**は，ウェブページ群に対するキーワード検索や全文検索を提供する．その代表格に，**アルタ・ビスタ** (AltaVista)，**インフォ・シーク** (Infoseek)，**エキサイト** (Excite)，**オープン・テキスト** (Open Text)，**ライコス** (Lycos) などがあり，しのぎを削っている．そのため，それぞれの検索エンジンの詳細な検索アルゴリズムは明らかにされていない．しかしながら，2.2 節から 2.4 節で述べたキーワード検索や全文検索の基本的な技術の上に，より高精度な検索や高速な応答を実現するために各種の工夫をほどこしているようである．

ウェブページの検索エンジンは，今まで作られた最も巨大な検索システムである．例えば，アルタ・ビスタ (http://www.altavista.digital.com/) は，1997 年 10 月の時点で，1 億ページ以上のウェブページをカバーしており，それらのページから作られるインデックスは 200 GB 以上という膨大なものとなっている．この検索エンジンの実現には，12 個のプロセッサ，8 GB の主記憶，300 GB のディスクを持った非常に強力なコンピュータが 16 台使用されており，1 日 2000 万回にものぼる検索要求の多くを 1 秒以内に処理していると報告されている．

また，最後の**メタ検索エンジン**としては，**メタ・クローラー** (MetaCrawler, http://www.metacrawler.com/) や **アホイ** (Ahoy!, http://www.ahoy.cs.washington.edu:6060/) が有名である．メタ検索エンジンは，それ自身がインデックスを持って検索するのではなく，ユーザーからの検索要求に合わせて，複数の検索エンジンや情報源を利用し，それらの結果を統合してユーザーに検索結果を返すシステムである (Etzioni 1997)．つまり，「どこにどのようなページがある」という事実を内部に保持しているのではなく，「あることを調べ

るには，どの情報源(検索エンジン)をどのように使えばよいか」という検索に関するメタな知識を持っている．それぞれの情報源を検索ツール(レファレンスブック)と考えれば，これは，レファレンスサービス(長澤 1991)の一部を機械化したものと考えることができる．

## 2.7 展　　望

コンピュータの登場とともに，紙から独立した電子テキストが生まれたが，これまでは効果的な流通手段を持たなかったため，多くの電子テキストに自由にアクセスできるという環境にはほど遠かった．この状況を一変させたのがインターネットの普及である．電子テキストは今やインターネットという効果的な流通手段を手に入れ，膨大な量の電子テキストに自由にアクセスできる環境が整ったのである．このような状況において，情報検索もこれに対応し，変化していくことが迫られている．

ここ数年の情報検索の研究を引っ張っているのは，アメリカの TIPSTER と呼ばれる研究プログラムである (Defense Advanced Research Projects Agency 1996)．このプログラムは，1989 年(実質的には 1991 年)に開始され，フェーズ I，フェーズ II を経て，1996 年秋よりフェーズ III がスタートしている．このプログラムが支援する研究テーマは，document detection と information extraction に大きく分かれ，それぞれの性能評価を行なう会議として，TREC (The Text REtrieval Conferences) と MUC (The Message Understanding Conferences) (Defense Advanced Research Projects Agency 1995) をサポートしている．

前者の document detection がカバーする範囲は，おおよそ必要な文書を探し出すことに関連する技術であり，その中心は，document search(文書検索)と document routing(文書を適切なユーザーに配布すること．技術的には情報選別)の二つである．一方，後者の information extraction(情報抽出)は，あらかじめ用意されたフレーム形式のテンプレートを埋める形で情報を抽出することであり，それに必要な要素(人名，社名，日付，金額など)をマークアップすることを含んでいる．TREC や MUC の評価のための問題設定は，年々少しずつ変化しており，これらの変化を追うことは，関連技術がどのように進歩して

きたのか知る大きな手がかりとなる．

　TIPSTERが研究の牽引車であるのに対し，ビジネスの牽引車は，インターネット関連のベンチャー企業である．例えば，前節で述べた検索エンジンを提供している企業の多くは，それらの検索エンジンを主力とするベンチャー企業である．他社よりも少しでもよいものを提供できれば，それは直接利益につながるため，これらの検索エンジンの実現技術はほとんど公開されない．これは，情報検索の分野が，ビジネスに直結した分野となったことを意味している．

　しかしながら，それは，基礎的研究の時代が終ったことを意味するものではない．現在の情報検索の技術は，多くのユーザーにとって，必要かつ十分な機能を提供しているわけではなく，ユーザーの要求に答えるためには，さらなる技術革新が必要である．例えば，インターネットにおける情報検索においても，確かに検索エンジンはすべて機械化されているが，ウェブディレクトリの作成（ウェブページの分類）は機械化できず，人手で行なわれているのが現状である．

　本章で述べてきた情報検索関連技術を少し離れて眺めてみると，その中心のひとつは「テキストの内容をおおまかに把握する技術」にあることに気がつく．情報検索では，テキストの1文1文がそれぞれどんな意味内容であるかを知ることは重要ではなく，むしろ，テキスト全体，章や節といったひとまとまり，あるいは，段落といった単位で，おおよそどのようなことが書いてあるのかを把握することが必要となる．それを把握し，ユーザーの検索要求に適合するかどうかを判定するのが情報（文献）検索である．それを把握し，あらかじめ設定されたカテゴリ集合の中から適切なカテゴリを選ぶのがテキスト分類である．それを把握し，あらかじめ設定されたフレーム型のテンプレートを埋めるのが，情報抽出である．それを把握し，短い文章として表現するのがテキスト要約である．

　現在の実用技術は，テキストに出現する語の集合（と頻度）に基づいて，テキストのおおまかな内容把握を行なうという方法である．しかしながら，この方法は，基本的に，テキスト内容をぼんやりとした形で把握する方法であり，シャープな形で把握することができない．機械翻訳に関連する語がたくさん出現することから，それが「機械翻訳に関連した文書」であることはわかるが，より明確な形，例えば，それは「日英機械翻訳システムの作成法について書かれた文書である」というような形で内容を把握することはできないのである．情

報(文書群)の量が増加すればするほど，情報検索は，より精密に行なうことが必要になってくるが，これには，テキストの内容をよりシャープな形で把握することが不可欠である．

　これと並んで今後重要になってくると考えられるのは，複数の詳細度での内容把握や複数の観点からの内容把握の技術である．ある文書が与えられた場合，その内容をどの程度の詳しさで知りたいかということは，その時々によって異なる．(1) 一言でいう，(2) 2, 3 文で表現する，(3) 250 字程度で要約する，(4) 1000 字程度(A4，1 ページ)で要約する，など，各種の詳細度が存在する．また，それらの要約内容は，どのような観点で要約するかによって異なってくる．このように異なった詳細度や観点で内容を把握し，それを人間が可読な形で提供することが今後ますます必要となってくると考えられる．これからの情報検索は，現在の「ユーザーが求める情報を提供する」ことからもう一歩踏み込み，「ユーザーが求める情報を，ユーザーが求める観点で，ユーザーが求める詳細度で提供する」ということを実現することを目標とすべきであろう．

## 第 2 章のまとめ

**2.1**　情報検索は，広く捉えるならば，あることに関してなんらかの情報を集めることすべてを含むことになるが，その中心は，ある文書群から知りたいことが書かれている文書を特定すること(文献検索)である．

**2.2**　文献検索の基本的な手法は，キーワード検索である．これは，それぞれの文書にその文書を代表する索引語(キーワード)を付加し，この索引語を利用して文書を特定する方法である．

**2.3**　索引語を自動的に付加する方法として，語の頻度を利用した TF.IDF 法が広く用いられている．

**2.4**　より高度な検索法として，ベクトル空間法がある．これは検索結果の評価を次回の検索に反映させる関連フィードバックと組み合わせることができる．

**2.5**　全文検索は，文書中に現れる全ての語を索引語とすることで実現される．

**2.6**　情報を整理し組織化するための技術に，選別，分類，情報抽出，要約がある．

**2.7**　インターネットの普及は，情報検索を大きく変えつつある．分散環境下のハイパーテキストであるワールドワイドウェブは，ウェブページの検索という新たな情報検索の分野を生み出した．

# 3
# 機 械 翻 訳

**【本章の課題】**

　研究開始以来約 50 年，機械翻訳の技術は，紆余曲折を経ながら発展してきたが，なかでも，ここ十数年間にわたる国内の研究開発の動きは世界的にも例を見ない活発なもので，大きな期待が寄せられている．夢の実現を求めて，政府機関を先頭に多くのメーカーが参加し(長尾 1983a)，日英，英日を中心とする多数のシステムが開発された．研究開発されたシステムは 20 種類以上にのぼる(成田 1994, 1997)．

　はたして，自然言語処理の究極の目標ともいえる機械翻訳は，人々の期待に応えられるようになっただろうか．技術は大きく進歩したとはいえ，機械翻訳の技術体系は総合的で規模が大きいだけでなく，本質的に困難な問題を含んでいる．寄せられた期待に応え切れず，試行的な利用のレベルにとどまったものもあり，翻訳現場の協力を得て精力的な改良が行われ，実用レベルに達したシステムもある．

　機械翻訳で最も困難な問題は，自然言語があまりにも多彩で柔軟な表現構造を持ち，表現の意味を特定するのが難しいことである．形式的に単語を置き換えたり，語順を入れ替えたりしても翻訳はうまくいかない．古くから指摘されてきたこの問題は，今までどのように扱われてきたか，また，最近のシステムはこの問題にどのように取り組み，解決しようとしているのか，本章ではこれらの点を明らかにする．

　そのため，まず第 1 に機械翻訳の原理に関する問題として，機械翻訳は人間による翻訳と本質的にどの点が異なるのか，また，そのために生じる限界は何かについて述べる．第 2 に機械翻訳の方式にどんなものがあり，それを決める要因は何か，また，現実の翻訳システムがどんな技術によって構成されているかを述べる．第 3 に機械翻訳の基本的特徴と現在の技術的到達点から見て，どの分野に適用するのが有利か，また第 4 に，今後，機械翻訳で解決すべき問題と当面する課題を述べる．

## 3.1 機械翻訳の原理

### (a) 人間の翻訳と機械の翻訳

**人間による翻訳**

翻訳は，ある言語（原言語）で表現された内容を他の言語（目的言語）で表現しなおすことだと言える．翻訳家はこの作業をどのような手順で行っているか．人間による翻訳の手順は，図 3.1 に示すようにモデル化できる．

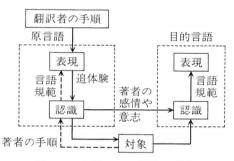

図 3.1 人間による翻訳の手順

まず，著者の対象に対する認識が言語上の約束（言語規範）を用いて言語表現に結びつけられている．翻訳者はこのような表現が与えられたとき，その言語の約束を手がかりに，著者が何をどのように見たか，また，それについてどのように考えたかを追体験する．すなわち，著者の認識した世界と同等の世界を翻訳者の頭の中に構築する．次に，このようにして理解した内容を目的言語の枠組みの中で捉え直して表現する．しかし，原言語の側で著者の世界と同じ世界を構築できたとしても，言語によって思考と表現の枠組みは異なっているから，目的言語の中でそれと同じ世界を再構築できるとは限らないし，完全に同じ内容を表現することも困難である．したがって，翻訳は著者の認識を目的言語で近似的に表現する作業とならざるを得ないが，二つの言語間の認識を対応させる高度に知的な作業だと言うことができる．

### 機械翻訳の考え方

このように高度に知的な作業をいかにしてコンピュータで実行するか．機械は人間のように意味を理解することが困難であるだけでなく，それを目的言語の枠組みで捉え直すことはさらに困難である．現在の機械翻訳で試みられているのは，形式的な変換によって訳文を作成する方法である．言語の表現が与えられると，あらかじめ用意されているその言語の約束集を調べて，その表現にはどんな約束が使われているかを特定する．使われた約束が分かると，今度は，目的言語側の約束集を調べて，元の言語表現で使われた約束に相当する約束は何であるかを探し，その約束を使って表現を書き替える．結果を理解するのは，いずれにしても人間である．原言語の約束に相当する目的言語の約束を用いて書き替えたのだから，目的言語の分かる人がそれを見たら，元の意味が分かるだろうと仮定していることになる．

## (b) 言語の約束とその解析

### 文法的約束と意味的約束

表現の置換えに使用される言語の約束は，それぞれの言語圏の中で自然発生的に成長してきた**社会的規範**(social norm，慣習)であり，広い意味では文法であるが，これを図3.2に示すように，文法上の約束(**文法的約束** syntax rule)と意味上の約束(**意味的約束** semantic rule)に分けて考える．文法的約束は，文を構成する要素間の関係に関する約束であり，文の構造を規定する約束であるのに対して，意味的約束は，著者の認識を単語や句さらには文などの表現に対応づけるのに使われる約束である．

ところで，著者が見た対象の姿は，著者の認識に反映し，その認識が言語表現に結びつけられるから，表現の構造は著者の認識の構造を示している．したがって，著者の認識を表現に対応づける意味的約束は，表現の構造に関する情報をも含んでいることになる．すなわち，意味的約束は文法的約束を含むから，意味上の約束が特定できれば，文法上の約束も特定できる．これに対して，文法的約束は，複数の意味的約束の間に共通した表現構造上の約束だと考えられるから，文法的約束が特定できても，意味上の約束は特定できない．これは，**同形式異内容**の現象として，古くから言語理論が問題としてきたところである．意味上の約束を特定することは意味処理の重要な課題であると同時に，機械翻

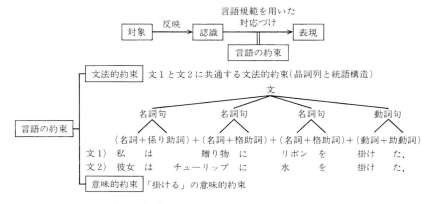

図 3.2 意味的約束と文法的約束

訳にとっても最大の課題である．

**意味解析と意味理解**

そこで，意味処理における意味的約束の扱いについて考える．意味処理の最終的目標は，コンピュータに原文の意味を理解させることである．既に述べたように，意味理解は，言語表現に表された著者の認識を追体験することであるから，コンピュータでこれをシミュレートするには，コンピュータ内に，著者の認識した世界を再構成する必要がある．そこで，意味処理を**意味解析**(semantic analysis)と**意味理解**(meaning understanding)の二つのステップに分けて考える．

意味解析は，言語表現に使われた意味的約束を特定する過程である．言語の約束は複雑で表現には多義性があり，同一の語や同一の表現構造に対していくつもの意味的解釈が生まれるが，「著者は実際にどの約束を使ったのか」を調べそれを特定する．この処理を実現するには，意味的約束だけでなくその使用法に関する知識，すなわち，それぞれの約束について適用条件の整理された体系的な知識が必要である．

次に，意味理解は，意味解析で特定された約束を手がかりに，著者の認識した世界をコンピュータ内に構成する過程である．意味解析で特定された意味的

約束は,表現と著者の認識との対応関係を示すから,コンピュータ内ではポインター(矢印)で表される.このポインターの片方は言語表現の部分を示し,反対側はそれに対応する概念を示す.そこで,意味理解では,このポインターで示された断片的な概念を組み合わせて,著者の認識する世界を再現する.断片的な世界の部品から対象世界を再現するには,文の前後関係に関する文脈知識のほか,部品間の関係を補う知識として一般常識などを含む**世界知識**(world knowledge)が必要である.

以上から,文法処理を含め,言語解析を表 3.1 のように四つのステップに分けると,機械翻訳システムは解析の深さからみて,図 3.3 に示すように,**形態素解析型翻訳**(morphological analysis oriented translation),**構文解析型翻訳**(syntax analysis oriented translation),**意味解析型翻訳**(semantic analysis oriented translation),**意味理解型翻訳**(meaning understanding oriented translation)に分けることができる.このうち,以下の議論では,従来の機械翻訳が基本とする構文解析型翻訳と今後の機械翻訳の中心課題とも言える意味解析型翻訳を対象とする.

表 3.1 言語解析のステップと処理に必要な知識

| | 処理の分類 | | 説　　明 | 処理に必要な主な知識 |
|---|---|---|---|---|
| 1 | 文法処理 | 形態素解析 | 単語境界と文法的属性(単語の品詞,活用形など)を決定する処理 | 単語の文法的性質に関する知識 |
| 2 | | 構文解析 | 文の統語構造と各単語の文中での統語的役割を決定する処理 | 言語の統語的約束に関する知識 |
| 3 | 意味処理 | 意味解析 | 言語表現に使用された意味的約束を特定する処理 | 言語の意味的約束とその使用法に関する知識 |
| 4 | | 意味理解 | 言語表現に表された対象世界を再構成する処理 | 言語表現が表す対象に関する知識 |

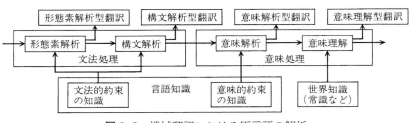

図 3.3 機械翻訳における原言語の解析

## 3.2 機械翻訳の方式

機械翻訳では，解析を深くすれば意味の標準化ができ，最終的に原言語と目的言語の意味は一致するという考え方と，言語はあくまで個別的なもので，解析を深くしても，両者の意味は一致しないとする考え方がある．前者を代表する翻訳方式は**中間言語方式(インターリンガ方式** interlingua method)，後者を代表する翻訳方式は**トランスファー方式**(transfer method)と呼ばれる．両者の方式概念を図3.4に示す．従来の機械翻訳方式は，これらの二つに大別される．

図 **3.4** 機械翻訳の二つの方式

### (a) 機械翻訳の基本方式

**中間言語方式（インターリンガ方式）**

中間言語方式は万国共通の言語(universal language)の存在を仮定し，すべての言語をそれを介して翻訳しようとするものである．1言語あたり一対の変換と生成のパスを用意すればすべての言語間の翻訳が可能となるため，多言語翻訳に適していると考えられ，この方式を目指すシステムも多い．しかし，現実に中間言語方式を実現するのは容易でない．これは，万国共通な**中間言語**(Pivot ともいう)を設計することが困難なためである．

自然言語(natural language，コンピュータ用のコンパイラ言語と区別するため，人間の言語をいう)は，その言語を使用する地域や社会の人々のものの見方，捉え方を反映したものであるから，中間言語方式を実現するには，すべての言語の持つ概念化の方法や思考パターンを含むように中間言語を設計すればよい．しかし，あらかじめすべての言語の表現を網羅するような中間言語を設計することは難しい．

そこで，第2の方法として，すべての言語に共通する概念化と思考パターン

だけを取り出して，それを中間言語とする方法が考えられる．科学技術分野のテキストや同一言語族の言語では，比較的共通した概念と思考のパターンをもつと考えられるから，この方法は近似法として成り立つ可能性がある．しかし，言語によって概念化の異なる対象は，中間言語で表現できないことになり，距離の離れた言語間への適用は難しい．

　第3の方法としては，概念化の方法や思考パターンをある一定の方法で形式化した新しい言語を設計することが考えられる．しかし，すでに存在する言語と独立に，このような言語を設計することは困難である．現実に，中間言語方式を目指すシステムは，第3の方法を志向しているが，実際は，英語など世界の有力な言語の内部表現をそのシステムの中間言語として採用していることが多く，実質的には，以下で述べるようなトランスファー方式となっている．したがって，たとえば，英語を基本とする中間言語方式では，日本語から中国語へ翻訳する場合など，トランスファー相当の方式を2回適用して，日英翻訳と英中翻訳を行うのと同等の結果となり，翻訳品質の向上は難しい．

**トランスファー方式**

　トランスファー方式は，原言語を解析して内部表現とし，それを目的言語の構造の内部表現に変換したあとで，目的言語の表現を生成する方式である．万国共通な言語を仮定せず，それぞれの言語の内部表現の間で変換が行われる．中間言語方式では，意味を取り出す目的で原言語の解析が行われるのに対して，トランスファー方式での解析は，原文から変換規則の適用条件となる文法的，意味的情報を取り出すために行われる点に特徴がある．以下では，トランスファー方式を対象に話を進める．

## (b)　構文解析型トランスファー方式

　**構文解析型トランスファー方式**(transfer method based on syntax analysis)は，**構文トランスファー方式**(syntax oriented transfer method)とも言われるもので，言語の文法的約束，すなわち，言語表現の構造上の規則に着目して，原言語の構造を目的言語の構造に変換する．変換の過程は，図3.5に示すように，大きく分けて，**構文の変換**(transfer of syntax)と**語彙の変換**(transfer of words)の過程から構成される．構文変換では，原言語と目的言語で表現の構造

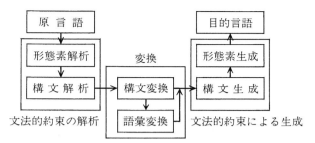

図 3.5 構文解析型トランスファー方式

が異なるとき，それを変換する．それに対して，語彙変換では，原言語の単語を目的言語の単語に置き換える．

この方式では，**要素合成法の原理**(principle of element composition)が基本となっている．すなわち，「表現全体の意味は，その部分である単語の意味の和である」と仮定することにより，表現の意味から構文を独立させている．図3.5では，構文の変換と語彙の変換が分離されており，構文変換で変換された目的言語の構文に語彙変換で得られた意味（単語）を埋め込めば，原文の意味が再現されることが仮定されている．この考えは，論理学では**フレーゲの原理**(Fregean principle)（図3.6）と言われるもので，論理を形式化するときの大前提とされている．

しかし，この原理は実際の自然言語では成り立たないことが多い．言語は慣

---

1. 論理学の場合
   式の値（意味）の計算を保証する原理で，一般に，式や記述の一部をそれと等価なものに置き換えても全体の評価値や意味が変わらない性質を示す．通常の関数型の表現では成り立つ．
2. 言語表現の場合
   言語表現に適用した場合は，「複合表現の意味は，その諸部分の意味の関数であるべきだ」と言う意味になる．この原理が成り立てば，たとえば，言語表現中の単語を同一の指示対象を示す他の語に置き換えても全体の評価値（真偽値）は変わらない（透明な文脈）ことになる．
   ＜備考＞ 透明でない文脈の例としては，コペルニクスのパラドクスが有名であるが，自然言語では，慣用的な表現や比喩的な表現など，この原理の成り立たない表現は多い．

図 3.6 フレーゲの原理

用表現の固まりだとも言われるくらい，その多くの表現は，個別的な意味を持っている(中村 1983)．そのため，自然言語では，このような単語の置換えと並べ替えだけでは，元の意味が失われることが多い．そこで，この問題を解決するため，現実のシステムでは，意味のまとまるもっと大きな表現の単位での変換も試みられている．たとえば，「～をめぐる～」，「～としての～」，「～に関する～」など，自立語と付属語の組や「能率がよい(efficient)」，「焦点を合わせる(focus on)」など名詞と動詞の組をまとめて変換する方法である．

しかし，慣用的な意味を持つ表現も，ある場合には，文字通りの意味に使われていたりする．大きな単位で翻訳しようとすると，翻訳規則を適用するための条件を精密に記述する必要がある．精密に記述されていないと逆に副作用が生じて翻訳品質は，かえって悪くなる恐れがある．しかし，構文解析型の翻訳では，言語の文法的約束を解析するのが基本であり，翻訳規則の適用条件は原則として構文解析までで得られる文法的情報を用いて記述される．このため，このような副作用を防止するのは困難である．

### (c) 意味解析型トランスファー方式

前項で述べた構文解析型翻訳の問題を解決するには，表現の構造と意味を一体化して扱う必要がある．すなわち，表現構造を構成する要素の意味的役割をも考えて変換規則適用の可否を判断することである．そのためには，言葉の意味について精密な体系を整備し，その**意味的用法**(semantic usage)を明らかにする必要がある．ここでは，**意味解析型トランスファー方式**(transfer method based on semantic analysis)の例として，日本電信電話株式会社(NTT)の多段翻訳方式(日英機械翻訳システム ALT-J/E)の例(池原他 1987)を示す．

#### 多段翻訳方式の構成概念

多段翻訳方式の構成図を図 3.7 に示す．本方式は，以下の二つのポイントから成り立っている．第 1 のポイントは，著者の意志，判断，感情などに関する表現と著者の目を通して認識された対象の姿に関する表現の区別である．前者は**主体的表現**(subjective expression)，後者は**客体的表現**(objective expression)と言われ，日本語では両者は明確に区別される(時枝 1941)．

そこで，多段翻訳方式では，図 3.7 に示すように，与えられた日本語表現を

3.2 機械翻訳の方式　105

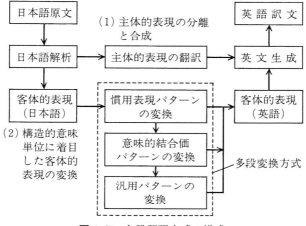

図 3.7　多段翻訳方式の構成

主体的表現と客体的表現に分離し，主体的表現の表す内容は，客体的表現が英語に変換された後の英語に組み込むこととされている．図3.8に日本文中の主体的表現(助詞，助動詞)の意味が取り出され英語に埋め込まれていく様子を示す．従来，この種の表現は，様相(modality)，時制(tense)，態(voice)などとして分離して扱われていたが，多段翻訳方式は言語認識論の観点から対象の基準を明確にしたといえる．

　第2のポイントは，表現の抽象化に関するものである．言語表現を分解して

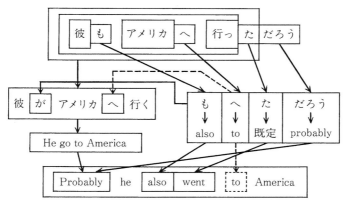

図 3.8　主体的表現の翻訳

抽象化するとき，これ以上分解しては意味を失うような表現の範囲を見つけ，それを意味の単位とすることである．ALT-J/E では，このような抽象化の単位として，図 3.9 に示すように，三つの段階が設けられている．最も具体的な表現を扱うのが第 1 の段階であり，最も抽象化された表現を扱うのが第 3 の段階である．単語の結合の強さは，この順に弱くなる．

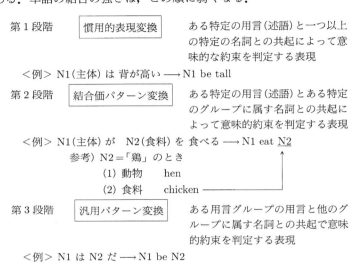

図 3.9 客体的表現の翻訳

翻訳の精度は，具体的な表現を指定した翻訳規則を使うほど高くなると予想されるから，翻訳規則は，第 1，第 2，第 3 の段階の順に適用される．この方法では，第 1，第 2 段階の翻訳規則の整備の不十分な間は，第 3 段階の翻訳規則が多用されるため，全体として良い訳文品質は期待できないが，第 1，第 2 段階の翻訳規則が整備されるにつれて，訳文品質も向上すると予想されるため，段階的な性能向上が期待できる．

**表現構造の意味について**

多段翻訳方式は，従来，例外処理とみなされてきた慣用的な表現をむしろ中心的な表現とみなし，逆に，標準的な処理とみなされてきた処理を翻訳規則が完備するまでの例外的な処理とみなしている点に特徴がある．

工学的な見地から見ると，二つの極限ともいえる方法を互いの利点をいかせ

るように折衷したものといえる．すなわち，日英機械翻訳で意味を失わないような最も精度の良い翻訳を実現するには，あらかじめ，可能な日本文のすべてについて，対応する英文を1対1の関係でリストアップして辞書に登録し，翻訳実行の際は，与えられた日本語表現を辞書で検索して，対応する英語表現を出力すればよい．この方法は論理的には可能と言えるが，登録すべき文の数が無限大となるため，工学的には不可能である．何らかの抽象化が必要であるが，抽象化を推し進め，単語レベルまで分解して翻訳してその結果を合成したのでは，構文解析型翻訳と同じ問題につきあたる．そこで，多段翻訳方式では，**構造的な意味の単位**(meaning unit of expression)を取り出し，その単位ごとに変換することで，意味の喪失と変換規則の増大を防いでいる．

この方式を可能にするのは，構造的な意味の単位を判定するメカニズムである．変換規則の意味的条件を，後に述べるような日本語の意味体系で記述することで実現される．

### (d) 各種の翻訳方式

従来の機械翻訳の限界を超えることを狙って，種々のアイディアが出され研究が進んでいる．ここでその中の一部を紹介する．

#### 用例翻訳

私たちが英文を書くとき，既に書かれた文章を参考にすることがある．機械翻訳でも，すでにある訳文を模倣すれば，比較的容易に質の良い翻訳結果が得られる可能性がある．このような考えから，**用例翻訳**(または**事例ベース翻訳**，EBMT: example based machine translation)が提案された(Nagao 1984)．コンピュータは文字列処理が得意であること，また，この方法は，言語知識に関する膨大な辞書を作成する必要がないと考えられることなどがあって，その後も精力的に研究が進められている(佐藤 1992；野美山 1993)．用例翻訳方式による翻訳の例を図3.10に示す．

この方式では，用例データベースを作成する際，原言語と目的言語を文レベル，句レベル，単語レベルであらかじめ対応をつけておくこと，また翻訳実行の際は，翻訳対象文と対訳集の原文との類似性を判定することが必要となる．前者では，パラレルコーパス(parallel corpus，対訳集)の自動生成技術，後者

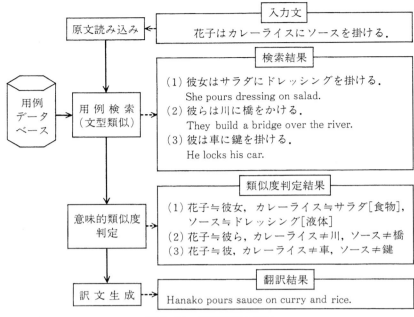

図 3.10 用例翻訳の方法

では,並列コンピュータを用いて高速に推論する方法などが提案されている.しかし,あらゆる文や表現をカバーするような対訳集をあらかじめ用意することは困難である.収集された用例との適合率をあげるには,単語を**文法的属性**(syntax attribute)や**意味的属性**(semantic attribute)で抽象化して比較することが必要であり,また,部分的に分けて翻訳された結果を結合して適切な訳文を得るには,**語形変形**(word transformation)や**品詞変換**(change of part of speech)などが必要となる.しかし,これらの処理に必要な情報は言語解析によって得られるものである.そのため,言語解析が不要と考えられた用例翻訳も,技術的汎用化を図る過程で言語解析が必要となり,本来のメリットが減少する.

したがって,この方法だけで汎用的な機械翻訳システムを実現するのは得策とはいえない.対訳用例の網羅性を向上させるため,狭い範囲に対象分野を限定するか,他の翻訳方式と組み合わせて使用する方法が現実的と考えられる.

### 知識ベース型翻訳

人間による翻訳では，言語知識だけでなく，一般常識や対象分野に関する知識が総動員される．広い対象分野でこのような知識を体系化することは困難であるが，ある限られた対象分野では実現できる可能性がある．このような考えで，対象分野を限って詳細な知識ベースを作成し，それに基づいて翻訳する方法が考えられている．この方法は**知識ベース型翻訳**(KBMT: knowledge base machine translation)と言われ，カーネギーメロン大学(Nirenburg et al. 1992)や日本IBM(武田他 1989)で試みられている．

これは意味理解に踏み込むもので，原文の表す内容を世界知識と融合させて表現するための内部表現を設け，それを介して目的言語への変換を行っている．対象分野が限定される問題を克服するため，分野知識の自動獲得に関する研究の進展が期待される．

### 翻訳メモリ

個人またはある特定のグループのメンバーが人手によって翻訳を行う場合，すでに訳した文章を繰り返して訳すことが多い．この点に着目して，すでに訳したパラグラフをメモリに集積し，必要に応じて取り出して使用する**翻訳メモリの方法**(translation memory)(佐藤 1991)が考えられている．

この方法は，用例を使う点では用例翻訳に似ているが，文やフレーズ単位ではなく，テキストの単位で類似性を判定することが必要な点で，用例翻訳とは異なる．すでに適切なパラグラフが辞書上に存在する場合は，品質の良い翻訳結果が得られるが，その反面，用例翻訳以上に柔軟性に欠けるので，翻訳対象のカバー範囲が問題となる．翻訳現場で現実に役に立つものが欲しいという切実な願望を反映した方法といえる．

### ハイブリッド型翻訳方式

**ハイブリッド型翻訳方式**(hybrid translation method)は，図3.11に示すように，従来の構文解析型トランスファー方式の他に，意味解析型の翻訳や用例翻訳，知識ベース型翻訳，パターン翻訳(原文と訳文をパターンにして登録する方法)などのさまざまな方法を組み合わせ，複数の翻訳経路(翻訳エンジン)を有するシステムを実現しようとするものである(Nirenburg 1993)．原文の性

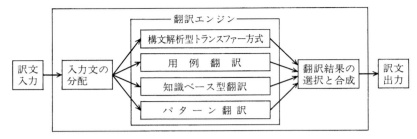

図 3.11　ハイブリッド型翻訳方式

質に合わせ，適材適所で翻訳方式を適用しようとする点に特徴がある．

この方式では，まず，どの文や表現をどの翻訳経路で翻訳するかが問題となる．同一の文を複数の翻訳経路で並行して翻訳する場合は，どのパスから得られた翻訳結果を正しいとするかの判定基準が問題となる．また，一つの文をいくつかの部分に分け，それぞれ別の翻訳経路を通して結果を得ようとする場合は，どのように文を分けるか，どの部分をどの経路に通すか，また，得られた部分的な結果をどのように結合するかが問題となる．これらの問題はいずれも未解決であるが，最近，文の大きな構造，より固定的な構造こそ優先されるべきだとする考えから，解決が試みられている．

**多言語翻訳の方法**

機械翻訳で意味の近似できる精度は，言語によって異なり，言語間の距離の差が翻訳方式を決める上で問題となる．既に述べたように，**多言語翻訳**(multi-lingua translation)で期待される翻訳方式として，中間言語方式があるが，この方式は，日本語や英語のように大きく異なった言語間では中間言語を設計することが困難である．しかし，中間言語方式が同一言語族間の翻訳で近似的に成り立つ可能性のあることを考えると，多言語翻訳を実現する方法として，図 3.12 に示すように，中間言語方式とトランスファー方式を組み合わせて使用する方法が考えられる(Ikehara 1995)．

世界の言語は，大きく見て，**屈折語**(inflectional language)，**膠着語**(agglutinative language)，**孤立語**(isolated language)の 3 大言語族に分類されるといわれている．そこで，同一言語族の相互間では，中間言語方式を，また，異なる言語族では，それぞれの言語族を代表する言語間でトランスファー方式を実

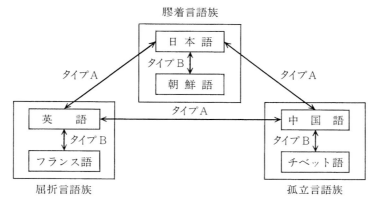

タイプA：遠い関係の翻訳（トランスファー方式）
タイプB：近い関係の翻訳（中間言語方式）
図 3.12 多言語翻訳方式の構成例

現しておき，代表とされなかった言語間の翻訳は，それぞれの言語族の代表言語を介して翻訳する．

ただし，同一言語族間の翻訳を必ずしも中間言語方式とする必要はない．たとえば，同一言語族にある日本語と朝鮮語の間では，語順をそのままにして両言語の単語を置き換えるだけで，ほぼ意味の分かる翻訳ができることが知られている．現状では，構文解析をした後で変換するのでは，構文解析で生じる誤りのため，かえって翻訳の品質が低下する恐れがある．このような場合は，形態素解析型のトランスファー方式の方が適切である．

(e) 話し言葉の翻訳

翻訳電話などの通訳システムを目指して野心的な研究が進められている．通訳システムでは，今までに述べた書き言葉の翻訳と異なるいくつかの大きな問題を解決しなければならない．

第1の問題は言語入力と関連する問題である．書き言葉の場合は，実用上すでにコンピュータ入力された文書を対象とすることが多いこと，また，新たに入力の必要な文書の場合も，入力誤りはたかだか数%であるため，言語のコンピュータ入力の問題と翻訳の問題を分けて扱うことができた．これに対して，**音声言語**(phonetic language)では，この問題を避けて通ることができない．音

声認識装置から得られる会話文の認識結果には大量の曖昧さが含まれる．これらの曖昧さの中には，音韻上の曖昧さだけでなく，日本語固有の同音異義語の問題もあり，これらの問題を解決するには，高度な言語処理が必要となる．このため，音声翻訳を実現するには，音声認識と融合した機械翻訳の方法を打ち立てることが必要である．音韻上の曖昧さを絞り込む方法としては，現在のところ**隠れマルコフモデル**(HMM: Hidden Markov Model)の方法(本叢書第1巻参照)が有力であるが，同音異義語の問題を解決する良い方法は今のところ見当たらない．

第2の問題は，話し言葉特有の問題である．話し言葉は，文法的制約が弱く，文脈依存性が強い．書き言葉以上に省略が多いだけでなく，冗長語，言い直し，倒置，言いよどみなどがあり，敬語，謙譲語，丁寧語の用法も多彩である．文の区切りが明確でない場合も多い．したがって，話し言葉の翻訳では，与えられた文を1対1に訳していくことは困難で，話の流れを追跡し，話者の意図を把握して訳すことが特に重要となる．従来，**談話**(discource, 話としてまとまること)が成り立つための条件として，結束性，意図性，容認性，情報性，場面性，テキストの関連性などに着目した解析が試みられている(第7巻参照)．このような翻訳では，意味解析レベルの機械翻訳では不十分で，意味理解を背景とした方法論を確立することが必要である．

第3の問題は，翻訳速度の問題である．書き言葉の場合のように，コンピュータの空いている夜間にまとめて翻訳するようなわけにはいかない．対話に追随できる翻訳速度が必要とされる．

以上の問題は，いずれも大変困難な問題であり，まだ実用化された例はない．国内では，国際電気通信基礎技術研究所を中心に研究が進められ，すでに，国際会議の予約という場面に限定した実験システムの開発が行われている(葉原 1994)．

## 3.3 機械翻訳システムの構成技術

通常，機械翻訳は，大きく見て，形態素解析，構文解析，意味解析など原言語を「解析」する過程，原言語から目的言語へ「変換」する過程，適切な目的言語の表現を「生成」する過程の三つの過程から構成される．ここでは，日英

機械翻訳の場合を例にとって，それぞれの過程の技術と問題点を述べる．

### (a)　日本語の文法解析

文法解析は，言語表現に使用された文法的約束に関する解析であり，品詞，活用形など単語の品詞レベルの属性を決定するための**形態素解析**(morphological analysis)とそれぞれの単語が文中で果たす役割を決定するための**構文解析**(syntax analysis)に分けられる．

**形態素解析**

**形態素**(morphology)は，単語や接辞など，文法上，最小の単位となる要素である．形態素解析では，与えられた文をこのような形態素の列に分解し，それぞれの要素の**文法的属性**(syntactic attribute，品詞，活用形など)を決定する．形態素解析結果の例を図3.13に示す．

日本語はべた書きされるため，形態素の区切りを正確に決定するのが困難である．辞書引きにより文の先頭から単語候補を抽出していく方法では，抽出される単語候補の数が文の長さに大きく依存し，その組み合わせは急速に増大する．そこで，形態素解析では，日本文が主として漢字とかなで構成され，かなから漢字への変化点は文節境界になりやすいことに着目して，**仮文節境界**(provisional boundary)が決められる．このようにして得られた仮文節を解析の単位として辞書引きを行うことにより，辞書検索回数の増大は防止される．文節候補内で抽出された単語候補は，相互に**文法的接続関係**(word connection)がチェックされ，文節として正しく解釈できる候補の組が選択される．正しい候補の組が得られないときは，仮文節境界が誤っている可能性があるので，その修正が行われる(詳細は第3巻参照)．

形態素解析では，どのような単位を形態素として取り出すかが問題となる．意味的にまとまる連語や複合語などをひとまとまりにして形態素とみなす方法がある．この方法は，早い段階で解釈が確定するため，後の処理が軽減される．しかし，形態素解析で使用される情報は，形態素の持つ文法的情報と形態素間の接続に関する情報にほぼ限られているため，この段階では，対象とする要素の組が意味的にまとまるかどうかを判断できないものが多数存在する．無理に解釈を確定すると，副作用が問題となる．そこで，通常，短単位(後述)の単語

### 入力原文

水道事業でのビリングマシン導入の時代から自治体への納入実績があるが，その後オフコンになってライバル他社に押されぎみになっており，ソフトウエアを体系的にまとめると共にプロジェクトチームを強化，自治体市場での失地回復を狙う．

### 形態素解析結果

1. 水道[一般名詞]/事業[一般名詞]/で[格助詞A類]/の[格助詞]
2. ビリング[一般名詞]/マシン[一般名詞]/導入[サ変自動詞型名詞]/の[格助詞]
3. 時代[一般名詞]/から[格助詞]
4. 自治体[一般名詞]/へ[格助詞]/の[格助詞]
5. 納入[サ変自動詞型名詞]/実績[一般名詞]/が[格助詞]
6. ある[ラ行5段自動詞終止形]/が[接続助詞]/，[読点]
7. その後[時詞,"其の後"]
8. オフコン[一般名詞]/に[格助詞]
9. なっ[ラ行5段自動詞連用形,"鳴る"][ラ行5段自動詞連用形,"生る"][ラ行5段自動詞連用形,"成る"]/て[接続助詞]
10. ライバル[一般名詞副詞型]/他社[一般名詞]/に[格助詞]
11. 押さ[サ行5段他動詞未然形受身使役型,"押す"]/れ[受身助動詞A類連用基本型,"れる"]/ぎみ[形容動詞型接尾辞,"気味"]/になっ[ラ行補助動詞連用形,"になる"]/ており[ラ行補助動詞連用形,"ておる"]/，[読点]
12. ソフトウエア[一般名詞,ソフトウェア]/を[格助詞]
13. 体系的に[ダ型形容動詞連用形]
14. まとめる[マ行下1段他動詞連体形,"纏める"]/と共に[格助詞B類,"とともに"]
15. プロジェクト[一般名詞]/チーム[一般名詞]/を[格助詞]
16. 強化[サ変自動詞型名詞]/，[読点]
17. 自治体[一般名詞]/市場[一般名詞]/で[格助詞A類]/の[格助詞]
18. 失地[一般名詞]/回復[サ変自動詞型名詞]/を[格助詞]
19. 狙う[ワ行5段他動詞終止形]/．[句点]

[備考]""は標準表記を示す．また，解釈が確定しなかった単語は多義を出力．

**図 3.13** 日本文の形態素解析の出力結果の例（白井他 1995b より）

候補を抽出しておき，より解析が進んで，判断情報が得られた段階で，意味のまとまる単位に結合する．その他の解析の多義についても同様である．無理に候補を絞り込まず，複数の候補を残し，構文解析，意味解析などで，絞り込みの情報が得られるようになるまで待つのがよい．

形態素解析は，機械翻訳のための最初の処理であり，その品質は，翻訳の品質に大きな影響を与える．すでに単語あたりの解析精度は99%を超え，実験室では99.8%の精度が達成されている(長尾1994)．しかし，平均約20単語程度の日本文の解析で，98%程度の正解率が必要と見られるから，その精度を得るには，単語単位では，99.9%程度の正解率が必要である．通常，解析段階で生じた誤りを後の処理で回復することは困難であるが，精度が向上してくると，誤りの種類もある程度絞られてくるため，そのパターンを待ち受けて結果を書き替えることにより正解率を向上させる方法などが試みられている(白井他1995a)．

### 構文解析

構文解析は，形態素解析で得られた情報を元に，文の統語構造を決定し，各形態素の文中での文法的役割を明らかにする処理で，従来，数多くの方法が提案されている．解析方法は，文法を規定する枠組みに大きく依存している．**句構造文法**(phrase structure grammar)の枠組みで，**文脈自由文法**(context free grammar)を仮定する方法が一般的で，解析の方法としては，アーリー法などの**トップダウン型のアルゴリズム**(top-down parsing)，**CYK法**(Cocke-Younger-Kasami)，**LR法**(left-to-right and rightmost derivation)などの**ボトムアップ型のアルゴリズム**(bottom-up parsing)などがある(文法については第5巻，アルゴリズムについては第8巻参照)．このうち，LR法は，曖昧性のないプログラミング言語の解析で使用されてきた方法であるが，曖昧性を持つ場合に拡張され，さらに高速な解析プログラムが実現されて(Tomita 1985)，注目されるようになってきた．しかし，これらの文法で実用レベルの規則を書くと，規則数はゆうに数百〜数千に及ぶだけでなく，文脈に依存する規則は書けないことになる．

上記の方法は，英語を中心とする言語を対象にして考えられてきた方法と言えるが，言語は慣習であるから，文脈自由文法のようなきれいな構造が成り

立たないだけでなく，句構造で説明できない文構造もある．特に，語順の自由度が高く，省略の多い日本語を句構造文法で解析するのは困難である．このような日本語を解析する方法としては古くから，**係り受け**(dependency)(もしくは**依存文法** dependency grammar)の方法がある．これは，文節間の依存関係を決定する方法であるため，語順や要素の省略に強い．このため，機械翻訳では，英語側は句構造文法，日本語側は係り受けの方法を適用する例がある．係り受け関係による構文解析結果の例を図 3.14 に示す．

形態素解析の誤り率が文の長さにほぼ比例するのに対して，構文解析の誤りは文が長くなれば急速に増大する．30〜40 文字程度の比較的単純な文では，

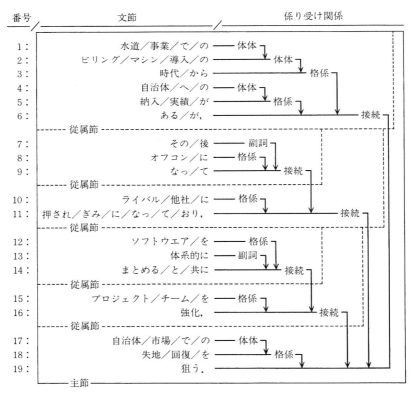

図 3.14 係り受け解析の例[日本語原文は図 3.13 と同一の文](白井他 1995b より)

90％以上の正解率が得られているが，100文字を超えるような文では，解析はほとんど失敗するのが現状である．この主たる要因は，節(述語)間の接続関係と並列構造の解析の失敗にあると考えられる．最近，節の接続関係については，意味的な階層関係に関する言語学の成果を応用した解析法(白井他 1995b)や分割して訳す方法(金・江原 1994)が提案されており，並列構造の解析については，表現の構造的類似性を計算する方法(黒橋・長尾 1994)が提案されている．これらの方法が実現されれば，長文に対する解析精度は大幅に向上する可能性がある．

### (b) 日本語の意味解析

形態素解析，構文解析はいずれも表現の構造に関するものであり，文法的知識に基づく解析であった．しかし，原言語の表現がどんな意味で使用されているかが分からなければ，目的言語の表現を精度よく導くことは困難である．

それでは，どのような考え方で意味解析を実現したらよいか．論理学からの提案に，モンタギュー文法があるが，実際の言語表現に適用するには，意味を極めて限定的にしか扱えない点が問題である．また，意味的制約を考える立場からは，単語の意味を扱う方法として，**意味素**(semantic primitive)，**意味素性**(semantic feature)，**意味標識**(semantic marker)などの考えがある(第4巻参照)．これらの方法による名詞の意味の表現の例を図 3.15 に示す．

| 名詞 | 意味素性の種類 | | |
|---|---|---|---|
| | 動物 | 哺乳類 | 人 |
| 男 | ＋ | ＋ | ＋ |
| 狼 | ＋ | ＋ | － |

(a) 意味素性による意味の記述

| 名詞 | 名詞の意味のプロトタイプ |
|---|---|
| 船乗り | 人＋男＋勇敢＋日焼け＋泳げる＋… |
| 宝石 | 物＋鉱物＋石＋美しい＋神秘的＋輝く |
| 狼 | 動物＋哺乳類＋陰険＋獰猛＋危険＋… |

(b) 概念の組み合わせによる意味の定義

図 3.15　名詞の意味の扱い方

意味素や意味素性は「語義の概念はいくつかの要素に分けられる」と考えるのに対して，意味標識は「単語語義の表す概念は一定のまとまった対象である」と考える点で立場は異なるが，どちらも言語処理の規則の中に意味的な制約条件を持ち込もうとしている．前者では，文の統語構造だけでなく文の意味を扱うため，単語や句の意味素性に着目して，文全体の**素性構造**(feature structure)

を導く方法(**単一化文法** unification grammar の方法)が提案された．この方法を受け継ぐ方法に，語彙機能文法(LFG: lexical-functional grammar)，一般化句構造文法(GPSG: generalized phrase structure grammar)，主辞駆動句構造文法(HPSG: head-driven phrase structure grammar)などの方法があるが，いずれも，句構造文法の限界を継承するだけでなく，**単一化処理**(unification)に多くの時間を要する点も問題であり，実際の機械翻訳への適用は難しい．また，意味標識では，**格文法**(case grammar)の方法があるが，後で述べるように深層格の決定が難しい．

　ここでは，意味標識の立場から，3.2節(c)で紹介した ALT–J/E システム(意味解析型トランスファー方式)を例にとり，語の**意味的用法**を用いた意味解析の考え方を述べる．

### 単語の意味的用法の体系化

　言語表現が対象とする世界は，実体，関係，属性の三つの基本要素から構成されると考えられる．このうち，実体と関係の概念は表現上，単語(名詞)に対応づけられる．単語と概念の対応関係は必ずしも1対1とは限らず，複数の概念が一つの単語に対応づけられることが多い．通常，単語の意味と言われているものは，このような単語と概念の対応関係に関する約束のことであり，厳密には語義である．単語のレベルでみると，意味解析は言語表現中の単語がどのような語義で使用されたかを調べることであるが，単語辞書に記載された語義情報だけでそれを決めることは困難であり，現実の表現上での用法に関する知識が必要と考えられる．

　そこで，概念化の過程と概念を単語に対応させる方法について考えてみると，同一の対象でも見方，捉え方によって使用される単語に違いが生じることが分かる．たとえば，妻が夫を表現するとき，夫婦の関係で見れば「夫」となり，家の中での役割の関係で見れば「主人」，恋人の関係でみれば「彼」，一人の人間と見れば「山田太郎」などとなる．

　また逆に，一つの単語を一つの語義で使ったとしても，その取り上げ方はさまざまである．たとえば，単語「学校」の語義は「教育を受けるところ」であるが，現実の表現で使われたときは，遊んだり，避難するときの「場所」を表したり，生徒や先生の「集団」を表したり，校長，教頭，教諭，生徒などから

なる「組織」，もしくは意志決定能力を持つものとしての「組織」を表したりする．著者が取り上げるこのような対象概念の側面は，著者の観点に依存するもので，単語の意味的用法と言うことができる．

ALT-J/E システムでは，このような単語の用法が**単語意味属性体系**(semantic attribute system)として体系化されている．単語意味属性は名詞だけでなく用言に対しても定義され，辞書に登録されたすべての単語に対して，その単語の持つ意味的用法を定義する言葉として使用される．解析変換の規則を書くとき，その規則の適用条件を適用対象とする単語(一つ以上)の意味属性によって規定しておけば，規則は単語の意味的用法に従って選択的に適用される．また，逆に，文中で適用できる規則が見つかったとき，それぞれの単語がどんな意味で使用されたかを決定することができる．次に，用言の変換規則記述の例を述べるが，この意味属性は ALT-J/E システムのすべての意味解析規則を記述するために使用される．

**属性概念に着目した構造的意味の単位**

名詞が**実体**(substance)または**関係**(relation)の概念を表現するのに対して，用言は実体の持つ性質，運動，変化などの**静的・動的な属性の概念**を表す．これらの属性は実体に付属した概念であり，表現の上では実体概念との何らかの関係で用いられることが多いため，立体的な対象世界を 1 次元的な言語表現に結び付けるための枠組みを与えている．このような実体と属性の関係の捉え方は，用言の用法，すなわち，用言と名詞の関係(文型)として整理できる．

用言と名詞の意味的関係を記述する方法としては，図 3.16 に示すような**結合価文法**†(valency grammar)と**格文法**(第 5 巻参照)の方法がある．両者は表面上類似の方法であるが，格文法では，すべての言語について共通する比較的少数の**深層格**(deep case)の設定できることが仮定されているのに対して，結合価文法では，**表層**(surface structure)で用言と比較的任意の格の結合関係が定義できる点が異なる．格文法の仮定に従って原言語と目的言語間に共通の深層格を定義するのは困難であるのに対して，結合価文法の記述能力は高い．このため，ALT-J/E システムでは結合価文法が使用されている．

各用言に対応する格要素の意味的制約は，単語意味属性によって指定されるが，原言語の各用言に対して目的言語側の訳語が決まるように指定することが

例文1：彼は今日手紙を航空便で彼女に送る．
例文2：彼は息子を飛行機で東京からパリへ連れて行く．

| 文 | 動詞 | Fillmore が提案した格文法の深層格の例 ||||||||
|---|---|---|---|---|---|---|---|---|---|
| | | 動作主格 | 対象格 | 場所格 | 道具格 | 始点格 | 目標格 | 経験者格 | 時間格 |
| 1 | 送る | 彼 | 手紙 | | 航空便 | | 彼女 | | 今日 |
| 2 | 連れて行く | 彼 | 息子 | | 飛行機 | 東京 | パリ | | |

(a) 格文法における格（深層格）の種類

| 文 | 動詞 | 結合価文法における格の種類 ||||||||
|---|---|---|---|---|---|---|---|---|---|
| | | は格 | が格 | を格 | に格 | で格 | から格 | まで格 | と格 | その他 |
| 1 | 送る | 彼 | | 手紙 | | 航空便 | | 彼女 | | 今日 |
| 2 | 連れて行く | 彼 | | 息子 | | 飛行機 | 東京 | パリ | | |

(b) 結合価文法における格（表層格）の種類

図 3.16 格文法と結合価文法の例

必要である．このため，格要素の意味属性は用言の訳し分けのできる最小限の細かさで記述される．該当する意味属性が定義できないときは，単語そのものが指定される．

このようにして用言ごとに整理された文型は**結合価パターン**（valency pattern）と言われる．このパターンは，対象の属性概念を介して結合された表現構造を示しており，構造上意味のまとまる単位だということができる．これを使用すれば，表現構造が用言を中心とする意味の単位ごとに捉えられるため，構文解析上の曖昧性も減少する．また，原言語の結合価パターンと対にして目的言語のパターン構造を記述しておけば，「意味解析」の終了した時点で，同時に英語の表現構造への対応づけも終わっていることになり，改めて用言に関する変換過程を持たなくてよい．

（c） 日英変換技術

日本語の解析結果は，コンピュータの内部表現上，著者の認識した対象の姿（客体的表現）の情報とそれに対する著者の判断，感情など（主体的表現）の情報

に分けられる．前者は，単純化された日本語表現といえるものであり，これが主たる構造上の変換の対象となる．

　意味解析型の翻訳では，目的言語の表現に対応する原言語の表現のまとまりを抽出することを目指して意味解析が行われるため，変換は解析と同時並行的に行われる．意味解析の過程で変換できなかった要素は構文解析型の翻訳と同様の扱いとなる．

　変換は，以下で述べるように，文構造の変換と文構成要素の変換の二つに分けられる．なお，その後関連する技術の例についても述べる．

### 文構造の変換技術

　文構造の変換は，さらに，重文，複文など複数の節を持つ日本文の構造からそれに対応する英文構造への変換と，単一の用言の支配する日本語の単文構造から対応する英語の単文構造への変換とに分けられる．これらは，それぞれ，用言間の関係構造および用言の変換と考えることができる．

　前者は，接続，埋め込み構造(修飾節)が対象となる．接続の場合は，原因・理由の関係，順接・逆接の関係など，接続詞などから得られた接続の意味に基づき，対応する英語表現の構造を決定する．また，埋め込み構造は，何が先行詞となるか修飾先は何かなどに着目して対応する英語構造が決定される．

　ところで，意味解析が行われた場合は，単文構造の変換に用言の**格フレーム**(case frame；動詞と深層格の関係をパターン化したもの)や結合価パターンに対応する英語パターンが用いられるため，英語の単文構造が決められるだけでなく，用言の訳語と場合によっては名詞の訳語まで決定できる．しかし，適用できる格フレームがないときは，Ｓ＋Ｖ，Ｓ＋Ｖ＋Ｏなどの一般的な5文型への変換パターンが使用され，英語の文構造が決定されるが，その構成要素の翻訳は次のステップに残される．

### 文構成要素の変換技術

　用言に関連する変換が終了すると，その他の文要素の変換として，名詞句，複合語，副詞句の変換が行われる．名詞句の変換は，名詞句の構造の変換とその構成要素の変換(訳語選択)の順に行われる．名詞句は大きく見て，「山の木」，「高い山」など，単純な修飾語を持つもの，「東京から大阪までの切符」や「コ

ップ一杯の水」などのように大域的構造を持つもの，また，「数学の教科書と国語の教科書」や「温度による空気の体積の変化」のように両者が混合したものに分けられる．これらの翻訳では，大きな構造から順に，対応する英語構造を決める．

意味解析による名詞句の構造解析では，名詞句の構成要素の意味属性が判明しているので，構造レベルの変換の過程で構成要素の訳語が決まる場合も多いが，残された日本語単語は，対訳辞書によって英語に変換される．単語単位の対訳辞書による訳語決定の段階では，訳語を選択するための情報が少ない（使用頻度の情報程度）ため，正確な訳語を決定することは難しい．今後の大きな問題である．

複合語（名詞連続型）には，一般名詞を結合したもの，接頭辞，接尾辞を持つもの，サ変名詞（スルがついて動詞に変化する名詞）を含むもの，固有名詞を含むもの，数詞を含むものなどがあり，その構造は多彩である．その翻訳にはかなり精度の高い意味解析技術が必要とされる（小林他 1996）．たとえば，サ変名詞などの用言性名詞を含む複合語では，他の名詞が格要素となる場合が多く，**構文意味辞書**(semantic structure dictionary) の情報が有効である．たとえば，「イラスト入りカード」，「ミルク入りコーヒー」などにおける「入り」は動詞「入る」の格要素の関係から，それぞれ，"illustrated card"，"coffee with milk" などと変換できる．

日本語の副詞および副詞的表現について見ると，日本語の副詞のうち英語でも副詞に訳されるのは約半分である．また，副詞に訳される英語のうち，元の日本語が副詞であるものは 20% にも及ばない（小倉他 1995）．このような点から，従来，日本語では副詞の処理はあまり注目されず，名詞，動詞，形容詞以外の雑多なものとして扱われてきた嫌いがある．しかし，日本語の副詞的要素には，副詞のほか，名詞（今日，程度），動詞（引き続き），形容詞（素早く），助詞（～だけ），助動詞（そうだ），名詞＋助詞（中心に），接辞（約）などがあり，大変多彩である．現在，使用頻度の高い日本語副詞「よく (often, well, very good)」や英語副詞 even, still, already などに関する個別的な研究の段階にあるが，今後，より体系的な研究が期待される．

**原文自動書き替え技術**

　英語に直接対応する表現がなくて直訳できない表現や直訳できても英語としてみれば不適切な表現となる日本語表現を，翻訳しやすい日本語表現に自動的に書き替えて翻訳することが考えられている(白井他 1995a)．たとえば，

彼はバスに乗って学校へ行った．

は，動詞の数を減らすよう「彼はバスで学校へ行った．」に書き替えて，"He went to school by bus." と訳す．また，日本語として書き替えが困難でも，特定の英語表現への翻訳を意識して，擬似的な日本語に書き替える場合がある．たとえば，

川に沿って歩いて学校へ行った．

では，「に沿って」を意味的に前置詞 along に対応する句とみなし，文法的に一語として扱えるよう表現を書き直す．原文自動書き替えの対象となる表現と書き替え後の表現の例を表 3.2 に示す．

　このような原文の書き替えは，従来，機械翻訳しやすい表現に書き替える**前編集**(pre-editing)の仕事であった．人手による前編集では，表現を意味的に書き替えてよいか否かを容易に判定できるが，コンピュータではその判定は簡単でない．たとえば，上記と同じ「バスに乗って」でも，

半数はバスに乗って残りは歩いて学校へ行く．

の場合は，書き替えはできない．この問題は，意味解析の技術の発展により解決されてきた．

**広域変換技術**

　この技術は，変換の単位を，複文，重文など，複数の用言を持つ文構造にまで拡大しようとしたもので，表現の意味をより大きな単位で捉えることを狙った技術である(Matsuo et al. 1994)．

　たとえば，例文「私は歩いて学校へ行った．」では，「歩く」と「行く」を組み合わせて，"I walked to school." などのように翻訳する．「私は鳥取に来て半年になる．」は 現在完了とし，"I have lived in Tottori for a half of a year." などと訳す．また，呼応表現では，「彼はまるですべてを知っているかのように話す．」は "He talks as if he knew everything." となる．

　図 3.17 に広域変換方式における翻訳のメカニズムの例を示す．この種の変

表 3.2 原文自動書き替え方式における書き替え対象表現の例
(白井他 1995a より)

| 書き替えのタイプ | | 原文の表現 | 書き替え後の表現 |
|---|---|---|---|
| 日本語書き替え | 縮約展開型 | システムが追加および削除するデータ．(活用語尾の省略) | システムが追加しそして削除するデータ |
| | | 社長は米国，副社長は欧州を担当する．(述語の省略) | 社長は米国を担当し，副社長は欧州を担当する． |
| | 冗長除去型 | 前者の方は飛行機である．(名詞句の冗長) | 前者は飛行機である． |
| | | 男もいれば，女もいる．(述語の冗長) | 男も女もいる． |
| | 構文組み替え型 | 二機種合わせて月五百台生産する． | 二機種の合計月産は五百台だ． |
| 擬似日本語書き替え | 独立句的表現型 | バスに乗って学校へ行く． | バスで[手段]学校へ行く． |
| | 様相時制型 | 山谷電気は本社を東京に移す予定だ．(様相表現) | 山谷電気は本社を東京に移す[plan to 変形]． |
| | | バスは出発したところだ．(時制表現) | バスは出発する[完了形変形]． |
| | 接続表現型 | 新機能を追加するのに続き，改良型を導入する．(接続語句) | 新機能を追加する[順接]，改良型を導入する． |
| | | 大統領を成田に見送りに行く．(接続関係，係り受け交差) | 大統領を見送る[目的]，成田に行く． |

換では，従属節を名詞句，動名詞句，不定詞句へ，副詞を形容詞へ，動詞を名詞へなどのように，文法的属性の変化を伴う変換が多数発生するが，訳文品質向上の効果は大きい．

(d) 英語生成技術

すでに日英変換処理で英語表現の基本的な枠組みと訳語が決まっているが，そのままでは，大変読みにくい英語であり，文法的にも正しくない部分を含んでいる．また，変換処理は，標準的な日本語表現(客体的表現)が対象となっているため，変換結果は，様相や時制などに関する主体的表現の情報を持っていない．そこで，英文生成では上記の変換結果に，主体的表現の情報を加えるとともに，英語として適切な表現となるような変形を行って，英文を生成する．英文生成に含まれる主な処理は，時制変形(時制の一致を含む)，様相変形，冠

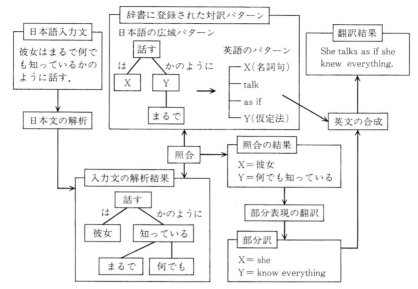

図 3.17 広域変換方式による翻訳の例(Matsuo et al. 1994 より)

詞・所有代名詞・数など決定詞に関する生成，副詞の語順生成，関係節から句への書き替え，it～that および there is 構文の生成，省略要素の補完などである．ここでは，日英両言語の基本的な違いでもある決定詞の生成と省略された格要素の問題を取り上げる．

### 決定詞と数の生成技術

　日本語では，英語の冠詞(a，the)や所有格などの示す個別性と単位観に関する認識に大きな違いがあり，**決定詞**(determiner; 冠詞，所有代名詞など名詞について対象を特定するための単語)や数の表現の生成が大きな問題であった．この問題を解決するには，日本語母語話者と英語母語話者の協力が不可欠である．最近，いくつかの精力的な研究が行われ(Murata & Nagao 1993; Bond et al. 1994)，それぞれの名詞の表す概念の**個別性**(indivisuality)と**単位観**(concious unit)をベースに，名詞句としての個別性と単位観を決定することなどにより，かなり精度の高い決定詞の生成が行われるようになった．

**文脈処理と省略補完技術**

日本語では,主語,目的語といえども,聞き手の知っていることは極力省略する傾向があるのに対して,英語では,主語,目的語は省略しない(村木 1989; 堂坂 1994; 村田・長尾 1996).このため,主語の省略された文は受け身に訳すことなどが行われていたが,受け身への翻訳では,文中での話の流れが変わり,読みづらいだけでなく,文自体の意味も変わってしまうことがある.

省略される語には主語,目的語の他に動詞や助詞がある.このうち省略された格要素は**ゼロ代名詞**とも言われ,それを復元するには指示対象の特定が必要である.

省略された格要素(ゼロ代名詞)に相当する語は,図 3.18 に示すように,同一文中にある場合(複文,重文の場合),前方・後方の文にある場合,いずれにも存在しない場合があり,これを調べるには**文脈処理**(context analysis)が必要となる.文の意味的な関係は,用言の意味関係に代表される性質があるから,用言意味属性の付与された結合価パターン対を用いると,複数の文間の意味的関係を追跡することが容易になるが,その他にも種々の情報が参照される.こ

```
ゼロ代名詞の照応関係の種類
 ├ 1. 文内照応   = 指示対象が同一文内に存在する
 ├ 2. 文間照応   = 指示対象がテキスト中の他の文に存在する
 └ 3. 文章外照応 = 指示対象がテキスト中のどこにもない

照応関係解析に使用される情報
 ├ 1. 格の意味的制約の情報
 │     補完される単語は,動詞との関係で許容された意味属性を
 │     持たなければならないことを利用する
 ├ 2. 様相表現の情報
 │     推量,願望,意志,命令,禁止,義務などの様相の情報か
 │     ら,省略された動作主や対象格を推定する
 ├ 3. 用言意味属性の情報
 │     「貰う」,「やる」などの「受給の動詞」,「行く」,「来る」
 │     などの「移動の動詞」など,動詞の意味的性質に着目して,
 │     省略された格要素を推定する
 └ 4. 接続語の意味的制約の情報
       接続語に着目した従属節分類に基づいて従属節間の格要素
       の共有関係を調べる
```

**図 3.18** ゼロ代名詞の種類と復元の方法(中岩・池原 1993 より)

のような方法により，かなり高い精度で，省略された格要素を前後の文から補完することができるようになってきている(中岩・池原 1993)．

## 3.4 翻訳辞書構成技術

### (a) 翻訳知識ベースとしての辞書

機械翻訳に必要な知識を分類すると，図 3.19 に示すように，**言語知識**(linguistic knowledge)，**テキスト構造知識**(text structure knowledge)，**場面知識**(situational knowledge)，**世界知識**(world knowledge)，**専門知識**(specialist knowledge) に分けることができる．言語知識は，文法上の約束と意味上の約束に関する知識に分けられる．これらは，静的な知識として，あらかじめ辞書やルールに整理できる．

これに対して**文脈知識**(contextual knowledge)と**状況知識**(situational knowl-

```
機械翻訳処理に必要な知識
├ 言語知識：言語規範に関する知識
│  ├・文法上の約束＝品詞，語形変化，語順などの知識
│  └・意味上の約束＝語義に関する語用論的知識
├ テキスト構造知識：言語表現に関する知識
│  ├・文脈知識＝文内文脈知識，文間文脈知識，段落知識
│  └・状況知識＝話者聞き手関係の知識
├ 場面知識：テキストで描かれた場面に関してテキストから得られる知識
├ 世界知識：対象，事実，法則に関する知識
│  └ 常識的知識 …… 表現過程で概念化される対象に関する一般知識
│     ├ 実体知識＝物理的実体／観念的実体の知識，構造体の知識
│     ├ 属性に関する知識＝動的属性の知識，静的属性の知識
│     └ 関係概念に関する知識
│        ├ 現象論的知識＝事実／事例の断片に関する知識
│        ├ 実体論的知識＝現象間の因果関係に関する知識
│        └ 本質論的知識＝実体間の相互作用に関する法則の知識
│           (対象認識の深さから見た知識の分類)
└ 専門知識
   ├ 応用分野専門知識＝機械翻訳，予約案内など業務に関する知識
   └ 対象分野専門知識＝物理，歴史，法律など表現内容に関する知識
```

図 3.19　機械翻訳処理に必要な知識の種類

edge)からなるテキスト構造知識は，いずれも，文や表現が置かれた場所に関する情報であり，あらかじめ整理して準備しておくことが困難である．専門知識も世界知識の一部ではあるが，機械翻訳では，一般常識とは区別して，**専門用語辞書**(technical word dictionary)などにまとめられる．世界知識は，言語表現を理解する過程で不可欠となる知識であるが，その内容は膨大であり，最も準備するのが困難な知識である．そのため，機械翻訳システムでは応用分野ごとに閉じた範囲で辞書にまとめ使用される．

### (b) 機械辞書の役割

#### 人間用の辞書との違い

機械辞書は人間の持つ常識を前提にできない点で人間用の辞書と大きく異なる．機械辞書と人間用の単語辞書を比較した場合，両者の基本的な相違点は意味の扱いにある．

たとえば，国語辞書には，語釈文として，その語の意味が書いてある．人間はこれを見て，単語の意味を理解し，実際の文章などで使用するが，コンピュータはその意味を理解することはできない．単語の表す意味概念を収録した**概念辞書**(word concept dictionary)といえども，コンピュータから見れば記号の集合であり，その記号に意味を与えているのは人間である．したがって，コンピュータ用の単語辞書では，まず，設計者が，語義に対応する記号を定めると同時に，その記号を他の記号と区別するための条件を整理することが基本となる．単語の語義を表す記号は，数字でもよいし文字でもよい．さらに文字の場合は，日本語の単語を用いてもよいし英語の単語を用いてもよい．そこで，日本語の単語の語義を英語の単語を用いて定義することにすれば，語義を決定することがすなわち訳語を決定することと同じにできる．

#### 機械辞書に収録される情報

機械翻訳で使用される言語知識は，言語の文法的用法と意味的用法に関する知識であるから，機械辞書では，両者の知識を体系的に整理して収録することが必要となる．機械辞書で文法的な知識として記載される情報は，それぞれの単語がどんな条件で使用されるかといった単語識別に関する情報である．たとえば，「上昇」という語は，名詞であり自立語として使われるが，動作性の名詞

(サ変名詞)でもあり,「する」がついて活用する．同時に,「上昇気流」などのように接頭語としても使用される，などの情報が，単語識別に使用される文法的な情報である．

これに対して，意味的な知識として収録される情報は，各単語がどんな**意味的用法**を持つか，また，どんな条件で使用されたらどんな意味になるかといった語義識別に関する情報である．この情報は，文脈との条件などが複雑に絡むことが多いため，単語辞書とは別に，名詞と動詞の組，名詞と名詞の組など出現頻度の高い単語の組を収録した**共起辞書**(collocation dictionary)や結合価パターンなどで表された文型のもつ意味を収録した**構文意味辞書**(semantic structure dictionary)などの形態にまとめられる．

（c） 辞書の分類と参照順序

機械翻訳システムは，通常，**プログラム**，**ルール集**，**辞書**の三つの部分から構成されるが，プログラム部分に比べてルール集と辞書の開発にかかるコストの割合が大きい．特に，辞書の開発には多大の投資を必要とするため，適用対象分野のすべてに対して，あらかじめ，必要な情報を予測してそのすべてを準備することは困難であるし，効率的でない．そこで，辞書は，表3.3に示すように，システム辞書，専門辞書，利用者辞書などのように分類され，システム開発者，分野の専門家，利用者などの分担によって作成される．

表 3.3　翻訳用機械辞書の種類と参照の順序

| 辞書種別 | 作成者 | 収録される語の種類 | 参照の順序 |
| --- | --- | --- | --- |
| システム辞書 | 翻訳システム開発者 | 一般語，一般的固有名詞 | 3 |
| 専門辞書 | 翻訳サービス提供者 | 技術用語などの専門用語 | 2 |
| 利用者辞書 | 翻訳システム利用者 | 個人的に使用する言葉 | 1 |

このように複数のグループによって作成された辞書情報を整合させて使用するには，辞書の検索順序が問題となる．たとえば，一般語で「処理する(deal with)」の用語の意味が，情報処理では processing になり，化学では treat になったりするなど，一般分野で使われる言葉が，専門分野では異なる意味に使われることがある．同様に，一般語や専門用語として使われている語を利用者があ

る文書に限って別の意味で使用したいような場合がある．このような語や表現の用法を可能とするため，機械翻訳では，通常，**利用者辞書**(user dictionary)，**専門辞書**(technical word dictionary)，**システム辞書**(system dictionary)の順に辞書引きを行い，最初に現れた解釈を優先的に採用する．また，専門用語や利用者用語それ自身も階層的な定義領域を持つことが多いため，専門辞書や利用者辞書がそれぞれ複数種類ある時は，優先順位をつけて参照する．

ただし，複数の辞書に同一の言葉が登録されていると，優先権のある辞書の言葉の解釈が必ずしも採用されるとは限らない．辞書参照の優先順位は，文全体の文法的，意味的解釈の中で，参照されるということであり，前後関係に矛盾が生じるような解釈は，辞書の優先順位が高いとはいえ採用されない．

## (d) 文法的解析のための辞書

文法的知識，すなわち形態素解析と構文解析で使用される情報を辞書にまとめる際の問題点を述べる (辻井 1985；吉田 1986；宮崎 1995)．

### 単語収録の範囲

言語表現には，一般語，固有名詞，専門用語，利用者定義語などが使用されるが，辞書にない言葉は訳せないので，翻訳辞書では，原則として，使用される言葉はあらかじめすべてを収録しておくことが必要である．

固有名詞は，一語あたりの使用頻度は低いが，種類が多いため，全体の使用頻度は無視できなくなることがある．新聞記事を処理するときなどは，人名，地名，企業名など 50 万語〜100 万語規模の語彙の収集が必要と言われる．固有名詞には，複合語が多いこと，また，人名として使用される語が地名や組織名としても使用されるなど，同形語が多いことが問題となる．

### 単語収録の単位

日本語は膠着言語であり，極めて造語力の強い言語であるため，特に，辞書登録の単位を**短単位**(short unit)とすべきか**長単位**(long unit)とすべきかが問題となる．どのような種類の語をどの単位で辞書に収録するかは，言語処理の手順とも密接に関係する．

短単位の単語としては，単純な名詞，動詞などの単語の他に接頭語，接尾語

などの登録も必要である．長単位語としては，複数の単語からなる複合語で意味的に一体化した語が対象となる．これらの語は一語として登録しなければ正しい訳語が決定できない．しかし，長単位語の登録では，副作用が問題となる場合がある．たとえば，形態素解析の辞書に，「～したそうだ(伝聞)」，「たまには(＝まれには)」などの言い回しを登録してしまうと，登録した解釈しかとれなくなり，"願望＋推量"の解釈や「玉には」の解釈はできなくなってしまうなどの弊害が生じる．

既に述べたように，形態素解析や構文解析の初期段階などでは，短単位ベースで解析しておき，意味解析や構文変換など意味のまとまる単位での処理を行うときに，長単位語の辞書を使うのが望まれる．この方法を実現するため，短単位で解析された結果をもとに，長単位語を検索する方法として，図3.20に示すような**単語結合型辞書引きの方法**(combined word retrieval)(宮崎他 1993)などが提案されている．

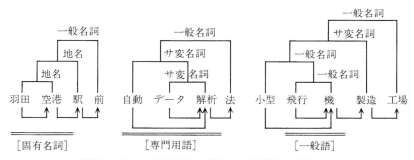

図 3.20 部分複合語の生成と単語結合型辞書引きの例(宮崎他 1993 より)

### 見出し語の表記の問題

日本語では漢字，ひらがな，カタカナ，英数字など種々の字種が用いられる．**正書法**(inscription standard)が確立されていないため，単語を書くにも，同じ

語を漢字やひらがな，カタカナで書いたり，交ぜ書きしたりする．また，数字にも漢数字，算用数字があり，表記はまちまちである．送りがなの送り方も人によって異なる．

　このような単語の**表記の揺れ**(fluctuation of description)を吸収する方法としては，**標準表記の方法**がある．この方法では，表 3.4 に示すように，表記の揺れのある語については，まず，そのすべての表記に対応する標準的な表記を辞書に登録し，形態素解析の段階で，標準的な表記に置き換える．それ以降は，標準表記の文を対象に解析と変換を進める方法である．しかし，この方法では，形態素解析用の辞書の見出し語の数が，あまりにも膨大になってしまう．そこで，実際の処理では，可能な表記のすべて，もしくは使用頻度の高い表記を集めて登録する方法，代表的表記のみを登録し，読みと組み合わせて検索する方法，辞書とは別に各種の字種変換テーブルを用意して見出し語との対応を調べる方法などを組み合わせて，見出し語数の増大を抑制する．

表 3.4　表記の揺れと標準表記の例

| 揺れの種類 | | 見出し語 | 標準表記 |
|---|---|---|---|
| 代用漢字の表記 | | 浸透，滲透 | 浸透 |
| かなと漢字の表記 | | あいまいもこ，曖昧模糊<br>推薦，推せん | 曖昧模糊<br>推薦 |
| 送り仮名 | 動詞の場合<br>名詞の場合<br>音便の場合 | 引合せる，引き合わせる<br>引合わせ，引き合わせ<br>突っ込む，突込む | 引き合わせる<br>引き合わせ<br>突っ込む |
| カタカナ表記の揺れ | | データー，データ | データ |
| 字種の揺れ | | ボタン／釦／ぼたん | ボタン |
| 読みによる字種区別 | | ご利益，御利益<br>御影石，みかげ石 | ご利益<br>御影石 |
| 畳語の表記 | | 我我，我々<br>一歩一歩，一歩々々 | 我々<br>一歩々々 |

### その他の辞書登録語選択の問題

　機械辞書に収録する語を決定するとき，さらに，同形語，数詞，用言性名詞，

副詞の派生形などの扱いが問題となる．

同形語では，読み(音韻，アクセント)や品詞の異なる単語は，文法的扱いが異なるため，原則として辞書に登録する必要がある．しかし，読みや文法的性質が同じ同形語は縮退させて登録することができる．たとえば，登録語数が数万件〜数十万件にものぼる人名，地名などの固有名詞では，大変多くの同形語が存在する．これらを別見出しで登録するのは経済的でない．表記も読みも同じものは，一つの見出し語に縮退して登録することにより，登録語数の削減が図られる．

数詞は無限に生成されるため，すべてを辞書登録することはできない．プログラム処理で扱うことを原則とする．ただし，七戸(地名)，五十路(一般名詞)，一二三(人名)，十分(副詞)などは，数詞と区別して辞書に登録する．

名詞化するサ変動詞(「感動する」等)と形容動詞(「静かだ」等)は語幹を登録し，活用はプログラム処理で扱う．連用形名詞の場合(「動き」,「高さ」等)は，その語形を辞書に登録する方法と，辞書には登録せず，プログラム処理によって動詞の連用中止形から生成する方法がある．

副詞派生形の場合も，用言性名詞と同様である．副詞に「と」,「に」が後接して副詞になる副詞派生形(「はっきりと」,「すぐに」)では，語形をすべて辞書登録する方法と，元の副詞から生成する方法がある．

(e) 意味解析のための辞書

意味解析では，単語辞書のほか，表現構造と意味の関係を収録した**フレーズ辞書**(phrase dictionary)，**連語辞書**(compound word dictionary)，**単語共起辞書**(word co-occurrence dictionary)，**文型辞書**(sentence pattern dictionary)などの知識が参照される(横井他 1996)．構文解析でも同種の辞書が使用されるが，構文解析用の辞書は，言語知識が文法属性を用いて記述されるのに対して，意味解析用の辞書は，言語知識が意味属性を用いて記述される点に違いがある．ここでは，ALT–J/E システムの**意味辞書**の例(池原他 1993)を説明する．

ALT–J/E システムの**意味辞書**(semantic dictionary)は，図 3.21 に示すように，日本語の単語の意味的用法をまとめた単語意味属性体系と単語と意味的用法の関係をまとめた**単語意味辞書**(semantic word dictionary)，動詞を中心とする文型の持つ意味を整理した**構文意味辞書**(semantic structure dictionary)

*134* 3 機械翻訳

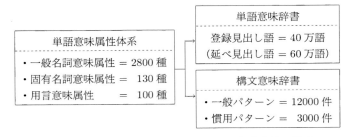

図 3.21 ALT-J/E システムにおける意味辞書の構成

から構成される．

構文意味辞書に登録された結合価パターンの例を図 3.22 に示す．ここで格要素として使用される名詞の種類は原則として意味属性で指定される．意味属性での記述が困難な場合は，直接名詞が指定される．

名詞の意味属性は，図 3.23 に示すように，名詞の意味的用法を is-a 関係 (包含関係) と has-a 関係 (全体，部分の関係) で整理したものである．また，日本語の各単語が，どんな意味で使用されるかは，図 3.24 に示すような単語意味辞書に書かれている．

したがって意味解析においては，実際の文から，格要素と動詞の組が与えられると，単語意味辞書から格要素の名詞の意味属性を調べ，得られた意味属性と動詞の組に対して構文意味辞書に適用できる結合価パターンがあるかどうかを調べる．適用できるパターンのあったときは，そのパターンが一つの意味のまとまる単位であり，その意味は，英語では，英語パターンに記された意味に相当すると解釈される．

単語意味属性体系は，構文意味辞書のパターン記述のほか，名詞句解析，複合語解析，文脈処理などを対象とする多くの意味解析規則を記述するために使用され，その実行時には，単語意味辞書の内容が参照される．

（f） 機械翻訳用の辞書の構成

機械翻訳で使用される辞書の論理的な構成例を表 3.5 に示す．物理的には，処理アルゴリズムと辞書参照情報との関係で，再配置される．原文日本語の形態素解析，構文解析では，日本語文法辞書が参照され，意味解析では，単語意味属性体系，単語意味辞書，構文意味辞書を収録した日本語意味辞書が使用さ

3.4 翻訳辞書構成技術

| 掛ける | | | |
|---|---|---|---|
| | 格種別 | 格要素となる名詞 | |
| 慣用パターン | に格 | お目，ぺてん，気，計略，策略，手塩*，手塩**，尻目，心，天秤，秤，鼻，方略，謀略，魔術，魔法，飾り，罠 | |
| | | *(人)が(人)を～：～bring up ～ with tender care<br>**(人)が(生物)を～：～ tame ～ | |
| | を格 | ストップ，ブレーキ，プレッシャー*，プレッシャー**，圧力，鎌，願，気合い，疑い，疑念，疑惑，局所麻酔，局部麻酔，金，嫌疑，攻勢，催眠術，雑巾，思い，歯止め，時間，手，手間，手間暇，手数，集合，心配，水，声，全身麻酔，梯子，電話，謎，売り込み，拍車，発破，負担，磨き，魔術，魔法，麻酔，無線電話，命，迷惑，目，容疑，輪 | |
| | | *(人工物，人)が(人工物)に～：～ apply pressure to<br>**(主体)が(主体)に～：～ put pressure upon ～ | |

| | が格(N1) | を格(N2) | に格(N3)・その他 | 英語文型 |
|---|---|---|---|---|
| 一般パターン | 主体(3) | 美術(6) 時計(8) 縄鎖(9) 鏡(9) 衣料(6) 像・書画(9) | 住居(6) 枝(8) | N1 hang N2 on N3 |
| | 主体(3) | 橋(7) | 場(3) 場所(4) | N1 build N2 over N3 |
| | 主体(3) | ── | (任意)数量金銭(8) 時間(4) | N1 spend 数量 on N3 |
| | 人(4) | 腰(8) | 椅子(9) | N1 sit down on/in N3 |
| | 人(4) 機械(6) | 数(5) | 数(5) 価格(8) | N1 multiply N3 by N2 |
| | 主体(3) | 機械(6) | ── | N1 start N2 |
| | 主体(3) | 勢い(8) 攻勢(9) | 主体(3) | N1 make N2 upon N3 |
| | 人(4) | 眼鏡(8) | ── | N1 wear N2 |
| | 主体(3) | 錠・鍵(9) | 住居(6) 車(9) 箱(9) | N1 lock N3 |
| | 主体(3) | 通信機器(8) 音楽(6) 応用電子機器(8) | ── | N1 play N2 |
| | 主体(3) | 調味料(8) 液体(7) 薬品(6) | 人(4) 具体物(3) 火(9) | N1 pour N2 on N3 |
| | 主体(3) | 布(8) | 人(4) 身体(6) 家具類(8) (へ／に) | N1 spread N2 on/over N3 |
| | 主体(3) 機械(6) | 物理現象(8) | 具体物(3) (へ／に) | N1 apply N2 to N3 |
| | 主体(3) | 縄・鎖(9) 装身具(8) | 具体物(3) | N1 tie N2 around N3 |

図 3.22 構文意味属性辞書の例(用言「掛ける」の場合)

136   3 機械翻訳

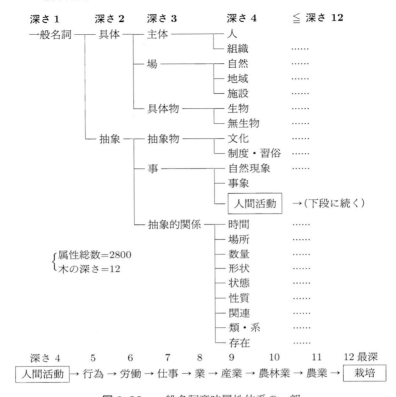

図 3.23 一般名詞意味属性体系の一部

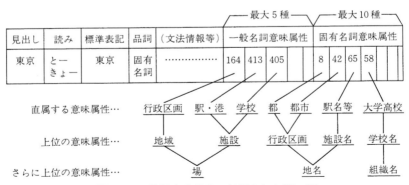

図 3.24 単語意味辞書に収録された語の例

れる．意味解析が終了した段階では，すでに，各日本語用言に対応する英語の用言とその文型が求められているので，日英変換処理では，残された部分を変換するため，日英対照辞書が用いられる．また，英文生成過程では，英語辞書が使用される．

表 3.5 日英機械翻訳用の辞書の例

| No | 辞書の種類 | | 収録される情報 | 参照される処理 |
|---|---|---|---|---|
| 1 | 日本語文法辞書 | 単語辞書 | 日本語解析用の情報を収録 | 形態素解析，構文解析 |
| 2 | | 文法辞書 | 単語間の接続可否の情報を収録 | 形態素解析 |
| 3 | 日本語意味辞書 | 単語意味属性体系 | 名詞の意味属性間の関係を収録 | 意味解析 |
| 4 | | 単語意味辞書 | 単語意味属性の上下関係を収録 | 意味解析 |
| 5 | | 構文意味辞書 | 用言に着目した文型パターンを収録 | 意味解析，日英変換 |
| 6 | 変換辞書 | 日英対照辞書 | 日英の単語の対応関係を収録 | 日英変換 |
| 7 | 生成辞書 | 英語辞書 | 英語単語の文法的情報を収録 | 英語生成 |

## 3.5 翻訳システムの現状と適用分野

### （a） 翻訳能力の達成レベル

日英，英日の翻訳では，翻訳の品質はこの 10 年間で大幅に向上した．構文解析型翻訳を中心とする商用システムの場合，構造が比較的単純で英語に直訳できるような文では，十分意味の通じる翻訳が可能な段階に達している．直訳の困難な文でも，多少苦労して前編集すれば，その大半は機械翻訳できるような技術レベルにある．

翻訳の方法は，一文単位の翻訳が中心であるが，実験室では，意味解析の研

究が進んでおり，意訳や文脈を考慮した翻訳も実現されている．動詞や名詞の意味による細かな訳し分けや慣用的表現と一般表現の訳し分け，種々の固有名詞や同格を含む複合語／名詞句の翻訳などの技術も実現されている．また，原文の前編集の自動化は，副作用が問題となり，実現が困難であったが，書き替え規則の適用条件が意味的に精密に決められるようになり，原文の自動的な書き替えを内蔵するようなシステムもある．

(b) 機械翻訳の適応分野

日本文を分類すると図3.25のようになる．翻訳対象文の機械翻訳への適合性を考えると，四つの条件が挙げられる．第1に現在の機械翻訳は，すでに述べたように言語の約束の解析とそれに基づく表現の置換えを基本としているから，使われる約束がなるべく単純明瞭である文が望ましい．第2はリピータビリティの問題である．必要とする翻訳能力を得るには，対象分野へのチューンアップが欠かせない．この作業は大変コストが掛かるから，なるべく狭い分野でかつ大量の文書があることが望まれる．第3の条件は訳語と訳文の均質性に関するものである．機械は，同じ表現は同じに訳すから，統一性のある翻訳結果の期待される分野が望まれる．第4は即時性である．コンピュータの翻訳は高速で疲れを知らない．朝でも夜でも，需要が発生したら即座に翻訳結果を出すことができる．

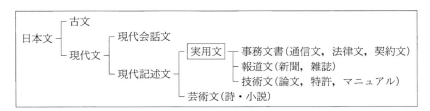

図3.25 日本文の分類

このような条件に適した分野は，実用文であると言える．機械翻訳は詩や小説などの芸術文の翻訳には向かない．現在，マニュアルの翻訳に適用されている例が多いのは，実用文の中でも，マニュアル翻訳がこれらの条件のほぼすべてを満足しているからである．論文についても表題や抄録の翻訳が行われているが，それは表現が比較的狭い範囲に絞られるため，格調の高さまで求めら

れているような本文の翻訳は決して容易ではない．

　また，即時性の要求の強い情報としては新聞記事があるが，新聞記事のカバーする範囲は広く，チューンアップが容易ではない．市況情報や製品情報などに分野を絞れば，速報サービスに適用できるかもしれない．しかし，これらの分野では，分刻みでの即時性が要求されるため，人手による原文の前編集や翻訳結果を適切な訳文に修正する後編集(post-editing)のない完全自動化が要求されることもあって，まだ，実現された例がない．これに対して，インターネットの発達により，新しい応用分野が開けつつある．インターネット上の外国語で書かれた情報を翻訳し，自分に必要な情報を探すのに使用される．これは，情報検索(2.4節)への応用ともいえるもので，必ずしも正確な翻訳でなくても役に立つため，期待が大きい．

### (c)　機械翻訳適用の方法

　機械翻訳システムを使用する際は，利用者辞書の作成，頻出する固有の表現の登録とデバッグ(翻訳規則と辞書情報の不整合性の除去)など，分野に合わせた数々のチューンアップが行われるが，このように，システムを文書の特徴に合わせるだけでなく，文書の表現をシステムに合わせる努力も必要になる．このため，前編集や制限言語の試みなどが行われてきた．

#### 前編集の試み

　機械翻訳が市場に出た頃は，原文を何回書き直しても翻訳できるような表現にならず，人手で翻訳した方がよほど速いと言われていたこともある．システムの技術が向上するとともに，利用経験も蓄積されて，システムごとに前編集マニュアルが整備されるようになったが，前編集の作業は依然として，機械翻訳利用の障害となっている．前編集を手作業で行うから能率が悪いわけだから，これを自動化しようとする考えもある．しかし，前編集を人手で行うから，書き替えてよいかどうかが容易に判断できるわけで，これを自動的に行う場合は，既に述べたように，書き替え可否の意味的な条件を判定することが必要である．

#### 制限言語の試み

　これに対して，すでに書いた文を翻訳のため書き直すのなら，はじめから基

準を設けて，機械翻訳に合うように書くことはできないか，また，システム側は，この基準に合う表現は翻訳できるようにあらかじめ準備しておくことが適切ではないか，と考えて提案されているのが，**制限言語**(controlled language)の試みである．制限言語では，今までの前編集の経験に基づき，機械翻訳に共通する弱点と強みを整理して得られた規則が書かれている．

たとえば，長尾の提案(長尾 1983b, 1985)では，図 3.26 に示すように，修飾関係，引用文，並列表現，話題提示，接続詞などに関する 14 種の解釈規則を定めておき，それに合わせて原文を作成すること，またそのための支援ソフトウェア(編集支援ツールであるエディタの一種)を作ることを提唱している．また，吉田の提案(吉田 1984, 1985)では，日本の科学技術文書には，曖昧な表現が多く，不要に難しい表現や語彙が使用されているとして，分かり易く，国際的な流通性をも考えた日本語の規格化をすべきだとしている．彼の規定は非常に細かく，覚えるのが大変である．その他，機械翻訳メーカーもそれぞれのシ

A．連用修飾句，連体修飾句の係り先
  ・それぞれ直近の述語句，体言に係る．
  ・但し，直後にコンマのある場合は，それぞれ直近の次の述語句，体言に係る．
  ・さらに一つ後方に係るときは，読点を入れる．
B．引用文
  ・文中の引用文はかぎ括弧でくくる．
C．並列表現
  ・修飾句のつかない名詞の並列は「・」または「，」で区切る．
  ・列挙する名詞句の形式は同一形式とする．(例：「A と B を」とせず，「A と B とを」とする．)
D．「は」格の表現
  ・話題提示の「～は」は，連用修飾句と同じ扱いとする．但し，三つ以上の述語句のある時は最後の述語句に係るものとする．
E．接続詞
  ・文頭の接続詞は文末の述語句に係ることとする．
F．非交差条件
  ・修飾関係は非交差の条件を満たすものとする．
G．その他
  ・付属語の表現の解釈，述語部の解釈，品詞多義語の解釈(内容省略)

図 **3.26** 制限言語の規則の例(長尾 1983b の要約)

ステムに合った原文の書き方を翻訳システム利用の手引きとして用意している．しかし，自由に書けるのが自然言語の強みであるから，原文を書く人にこれらの規則を守ってもらうのは容易ではない．

## 3.6 機械翻訳を取り巻く諸問題

### (a) 機械翻訳の基本問題

**多義性と情報知識**

　自然言語処理は，はじめから終わりまで曖昧さとの闘いとも言える．自然言語の持つ曖昧さは，柔軟さの裏返しでもあり，人間の知的活動を支える重要な性質であるが，コンピュータ処理の最も苦手とするところである．機械翻訳は，原文をどう解釈するか，解釈した表現の部分を目的言語のどのような表現に変換するか，目的言語としてはどう調整するかなど，多種多様な曖昧性が発生する．しかしこれらの曖昧さは，どれが正しいかを判定するための情報のないことが主たる原因であり，判断に必要な情報が存在するときは曖昧さは発生しない．曖昧さを克服するには，まず，それぞれの曖昧さの種類と性質をよく観察し，どのような情報が欠落しているかを見定めることが重要である．欠落している情報が分かったら，それを原文中から抽出できるかどうかを調べ，抽出できないときは，外から補うか，あらかじめ辞書やルール集としてシステムに持たせておくことが必要となる．

　したがって，機械翻訳システムの処理方式は，処理の過程で生じる解釈の曖昧さに対して，それを解決するための情報，もしくは，それを入手する手段をどのように配置するかで決まると言ってもよいと考えられる．

**辞書記述情報の分解精度**

　解釈の曖昧性を解消するには，曖昧性の種類と情報の種類との関係が重要であることを述べたが，同時に情報の分解精度(粒度)も重要である．情報はできるだけ抽象化したレベルで記述されるのが望ましいが，曖昧性の種類によっては，かなり細かいレベルで記述された知識を必要とする．

　たとえば，形態素解析では，解析の正解率は単語の文法情報，特に，品詞分

類などの**単語文法属性**(syntactic attribute of word)の分類精度に依存する．単語文法属性としては，学校文法で使用される約10種類の品詞分類と用言の活用の型と活用形，動詞の自他動詞の区別，名詞の普通名詞，固有名詞の区分などの分類を加えた数十種類の分類体系が使用されるのが普通である．しかし，この精度の分類で高品質の結果を得るのは難しい．そのため，品詞を200～300種類以上に分類するシステムもある(宮崎1995)．

　**単語意味属性**(semantic attribute of word)は，意味解析用の規則と辞書の記述に使用されるが，木目の粗い意味属性体系が使用されている場合は，適用対象を正しく選定することができない．ルール数と辞書登録語数を増やせば増やすほどこの種の失敗は増加するから，ルールや辞書登録語数が足りないからと言って，むやみに追加することはできなくなる．日英機械翻訳の場合，日本語の動詞に意味的に対応する英語の動詞を決定するには，名詞の意味属性は約2000種類以上に分類した体系を使用することが必要であることが知られている(池原他1993)．ここで，単語意味属性の分類精度が粗くなると，文型の記述能力がどれだけ低下するかを表3.6に示す．

表3.6　単語意味属性のパターン記述能力比較

| 場合分け | 属性の数 | 意味分類の深さ | 文型パターン対の記述能力 ||
|---|---|---|---|---|
| | | | 和語動詞 | 漢語動詞 |
| 場合1 | 50件 | 約4段 | 31% | 59% |
| 場合2 | 500件 | 約6段 | 57% | 86% |
| 場合3 | 2000～3000件 | 10～12段 | 100% | 100% |

　固有名詞を含む複合語の意味的解析では，固有名詞の意味の部分について，さらに細かい分類が必要である．また，日本文中で省略された主語や目的語を前後の文の意味の関係から補完するためには，各文で使われている動詞の意味の関係の追跡が行われるが，この場合，動詞の意味種別と用法を約100通りに分類すると効果的である(Nakaiwa et al. 1994)．しかし，これらの体系は，名詞の訳語選択の問題には十分ではない．そのため，最近では，言葉の意味的関係をより多面的に解析するための情報をまとめたものとして，複数の観点から単語の意味的関係をまとめた**多次元シソーラス**(multi-dimensional thesaurus)，基本語彙から多数の語が意味的に派生していく様子を網状にまとめた**類語弁別**

ネットワーク(word descrimination network)，**オントロジー**(ontology；語彙知識ベース)の考え方が提案されている(川村他 1994)．

**プログラミング言語としての単語意味属性の役割**

言語知識を記述するための言葉には，大きく分けて，文法的用法を記述する言葉(単語の文法属性)と意味的用法を記述する言葉(単語の意味属性)がある．両者は，図3.27に示すように，言語知識データベースを記述するためだけでなく，解析プログラム，変換規則などの記述にも使用される．

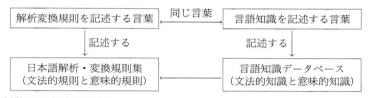

言語処理を記述する言葉
(1) 文法的用法を記述する言葉 …… 文法属性体系(品詞，活用行，活用形など)
(2) 意味的用法を記述する言葉 …… 意味属性体系(単語の意味的用法)
(3) 単語や表現そのものの記述 …… 慣用的表現の記述など

**図 3.27** 言語処理を記述するための言葉

このように，プログラムと規則が言語知識と同じ言葉で記述されることによりプログラムの動作は保証され，解析変換の規則が使用されると，自動的に言語知識ベースの情報が参照される．言語処理プログラムは，入力された文に対して言語処理のルール集を捜し，どのルールが適用できるかを調べる．各ルールには，そのルールがどんな単語もしくは単語の組み合わせに対して適用してよいかの条件が書かれている．入力された文の単語がその条件を満たしているかどうかは，辞書から得られる文法的，意味的性質に関する情報によって決定される．

以上の点から見ると，単語文法属性と単語意味属性を規定する言葉は，自然言語処理用のプログラミング言語の一部であると言える．そして，単語文法属性の言葉を使って書かれた処理は文法解析処理，単語意味属性の言葉を使って書かれた処理は意味解析処理と言うことができる．

従来，これらの言葉は，システムごとに決められているが，辞書やプログラム・ツールの流通性を向上させるためには，日本語処理を記述する言葉として

共通化していくことが期待される．

### 翻訳技術と訳文品質の評価

評価基準の無いところに科学はないと言われるように，機械翻訳では，評価法の確立が重要な課題である．システム評価としては，翻訳速度，使いやすさ，未知語登録のしやすさ，改良やチューンアップのしやすさなどもあるが，基本となるのは，**訳文品質**(translation quality)の評価である．利用者にとっては，これが特に重要である．研究開発者側では，翻訳技術と訳文品質の相互関係についても評価することが必要である．

訳文品質の評価基準としては，古くは，ALPAC 報告書(〈機械翻訳の歴史〉参照)で提案された評価基準がある．この方法では，**理解容易性**(understandability)と**忠実度**(faithfulness)の二つの観点からそれぞれ 9 段階の評価基準が定められているが，基準そのものが大変曖昧で，客観性に乏しい嫌いがある．そこで，$\mu$ プロジェクトでは，より明瞭簡単化した基準(理解容易性：5 段階，忠実度：7 段階)が提案され(長尾・辻井 1985)使用された．理解容易性は，原文を見ないで理解できる程度を表し，忠実度は，原文の要素はもらさず訳されているかどうかを示す尺度である．これに対して，原文に忠実であることが必ずしも良い訳であるとは限らないとして，内容の**正確性**(correctness)と**理解容易性**，表現の**適切性**(appropriateness)の三つの観点から評価する方法が提案されている(池原他 1994)．

この方法は評価の作業手順を考慮したものであり，図 3.28 に示すように，訳文品質を 10 点満点とし，三つの観点からの評価を順に適用して，段階的に得点を決定する手順を定めている．すなわち，まず，訳文の内容は正しいかどうか(正確性)を判定し，6 点以上と 5 点以下に分ける．次に，6 点以上であった場合，相手に通じやすいかどうか(理解容易性)を判定して，8 点以上と 7 点以下に分ける．さらに，8 点以上の場合は，目的言語の表現として適切であるか否かを判断して 9 点以上を決める．なお，簡易評価では，同様の 3 段階の手順で訳文の品質を 4 段階に分ける．以上の方法は，いずれもオピニオンテスト(人間の感覚による評価を数値化する方法)と言える評価法であり，評価者の個人差は避け難い．

翻訳技術と訳文品質の関係を評価する方法としては，部品技術の品質が訳文

## 機械翻訳の歴史

1940年代中頃，アメリカにおいて初めての電子計算機が開発されたのを追って機械翻訳の研究開発は開始された．それ以来，すでに50年以上が経過し，現在，第3期にあると言われている．アメリカに始まった研究は，数年後には，ソ連，ヨーロッパ，日本にも広がり，1960年前後は，世界の多数の研究機関が参加して，活発な研究開発が行われた(第1期)．

大きな期待を持って研究投資を続けていたアメリカ政府は，実用的なシステムができないことに疑問を持って「自動言語処理諮問委員会」を作り，機械翻訳の現状と将来の検討を行った．約1年間の検討を得て，発表された報告書(ALPAC報告書 1965)は，実用化は技術的に当分困難であるとして，もっと基本的な言語理解の研究をすべきであると勧告している．この結果，機械翻訳の研究は失速し，冬の時代(第2期)を迎えたが，ロシア語と英語を対象としたジョージタウン大学のシステムやそれをベースにしたSYSTRANなど，ねばり強く研究が続けられた．モントリオール大学では，気象予報を英語からフランス語に翻訳するTAUM-METEOの開発に成功している．

機械翻訳の活動が低迷していたとはいえ，言語学の研究は大きく進展した．1957年にN. Chomskyが提唱した生成文法や，1968年にC. J. Fillmoreが提唱した格文法は，多くの注目を集めた．地道な研究とハードウェアの革新的な進歩によって1980年代になると，再び，機械翻訳の研究開発は活性化した．この活性化の動きは，ECの多言語翻訳プロジェクトEUROTRAに代表されるように，ヨーロッパに始まり，日本に受け継がれて最盛期を迎えた(第3期)．

1977年，京都大学で開始された英日の論文表題翻訳システムは，工業技術院に導入され引きつづき科学技術論文の抄録の翻訳を狙った国家的なμプロジェクトが1980年に開始された．この計画には国内の主だったメーカーが参加し，その経験が，その後の国内各社のシステム商用化の基礎となった．1987年には研究開発の促進を狙って国際会議MT-SUMMITが開始された．政府は，さらに日本電子化辞書研究所(EDR，通産省)，国際電気通信基礎研究所(ATR)の自動翻訳電話研究所(郵政省)を発足させた．また，近隣のアジア諸国間の言語翻訳にも目を向け，国際情報化協力センター(CICC)に機械翻訳システム研究所を発足させた．

これらの研究投資を背景に，国内企業の技術力は大きく成長して，開発競争が始まり，20種以上の機械翻訳システムが開発されるに至った．これらのシステムは，必ずしも当初の狙い通りの翻訳現場に浸透したとはいえないが，最近のインターネットの発達により，新しい市場を獲得しつつある．

| 手　順 | | | | | | | | 正　確　性 | | | |
| --- | --- | --- | --- | --- | --- | --- | --- | --- | --- | --- | --- |
| 第1ステップ：正確性（内容は正しいか） | | | | | | | | | 理解容易性 | | |
| 第2ステップ：理解容易性（通じるか） | | | | | | | | | | 適切性 | |
| 第3ステップ：適切性（目的言語らしいか） | | | | | | | | | | | |
| 10点評価 | 0点 | 1点 | 2点 | 3点 | 4点 | 5点 | 6点 | 7点 | 8点 | 9点 | 10点 |
| 4段階評価 | × | | | | | △ | ○ | | ◎ | | |
| | 不　合　格 | | | | | | 合　格 | | | | |

図 3.28　訳文品質の評価基準の例

品質に与える影響を定式化する試みもあるが，機械翻訳システムは多彩な技術から構成され，部品技術相互間の関係も複雑であるため，その定式化は容易でない．現状では，利用者は，利用目的に合わせ，自分なりの方法でシステムの能力を調べ，開発側も手探りで技術上の問題に対応してきたと言える．

翻訳品質は翻訳対象とするテキストにも大きく依存する．そこで，必要な機能を組み合わせてテストできるように作られた標準的なテスト文セット（翻訳のベンチマーク benchmark）を決める試みも行われている．日本語の基本的な表現を網羅した機能試験文集編集の試み（池原他 1994）や，日本語言い換えによってシステムが多彩な表現の翻訳にどれだけ強いか（ロバスト性）を評価する試み（井佐原他 1996）などが行われている．今後は，これらの研究が一層進展するとともに，共通の物差しとしての評価基準の確立されることが期待される．

(b)　当面する課題

機械翻訳の基本問題である翻訳能力の問題は，技術的に見ると，**ロバスト性**（robustness）の問題と訳文品質の問題に分けて考えることができる（長尾他 1994；池原 1996）．

ロバスト性の向上の問題

ロバスト性の問題は，多彩な原言語の表現に対して，適切とは言えないまでも意味の分かる訳文を出すことである．機械翻訳では失敗した処理結果を途中で回復することは困難であるから，各処理フェーズの歩留まりをいかに高く保つかが問題となる．特に，原文の解析段階の誤りは，致命的な翻訳失敗となる

場合が多いのに対して，原文の構造が正しく解析できた場合は，おおよそ意味の分かる目的言語の生成できる場合が多い．したがって，ロバスト性の問題は，原言語側の解析の問題であり，解析の致命的な失敗をいかに防ぐかの問題に置き換えられる．

現状では，比較的単純な文構造の解析精度は高いが，文構造が複雑になるにつれて失敗が急速に増える．文構造の複雑さは，名詞句などの構成要素の数と構成要素自身の複雑さの積に比例すると考えられるから，現状でのロバスト性に関する最大の問題は，長文解析の問題と名詞句解析の問題である．

従来，局所的解析の積み上げで文の構造を解析する方法が中心であったが，語順の自由度の高い日本語に対して，この方法で長文全体の構造を決めるのは難しい．最近，大局的に文構造を把握する立場から，並列構造の類似性(黒橋・長尾 1994)や大域的な階層構造の特徴(白井他 1995b)などに着目した解析方法が研究されている．また，名詞句解析でも長文解析の問題と同様のことが指摘できる．局所的な構造だけでなく，大きな構造として，文中での他の要素と関連づけて捉えることにより，解析精度の向上に成功している．今後は，これらの技術によって機械翻訳のロバスト性は格段に向上すると期待される．

**訳文品質向上の問題**

この問題は，単に意味が分かるだけでなく目的言語として品質の良い訳文をどう生成するかの問題で，変換，生成の問題として捉えられる．

今まで，少なくとも意味の分かる翻訳結果を生成することを目指して研究が進められてきた．情報検索向けの速報サービスなどではこのような翻訳でも役に立つであろうが，翻訳の現場では，それぞれの使用目的に合った目的言語の表現が求められている．したがって，今後の機械翻訳では，原言語の内容に対して，それをどのような表現に翻訳したらよいか判断して目標となる表現構造を定め，それに向かって翻訳を進めるという，目標主導型の翻訳を考える必要がある．このような翻訳には，表現の大きな枠組みを対応させることのできる文型パターンの利用(加藤 1995)が有利である．すでに述べたように，最近，用例翻訳，知識ベース型翻訳およびそれらと従来のトランスファー方式を統合したハイブリッド型翻訳などの研究が盛んに行われるようになった．文型パターンを利用する方法としては，原文と訳文の文型をテンプレート(穴あきの型紙)

の型にまとめておき，それを介して翻訳を行うテンプレート翻訳の方法もハイブリッド型翻訳では，翻訳経路の一つとして有効である．これらの研究は，訳文品質を向上させる点でも期待される．

# 第3章のまとめ

**3.1** 人間による翻訳は，原文の内容の理解と目的言語の枠組みの中での捉え直しの過程を持つのに対して，機械翻訳は，原言語と目的言語の言語規範の対応関係を用いた表現の機械的な置換えである．

**3.2** 機械翻訳で使用される言語規範は，文法的規範と意味的規範に分けられる．主として前者を使用する翻訳を構文解析型の翻訳，後者を使用する翻訳を意味解析型の翻訳と言う．現状では，構文解析型の翻訳技術は，ほぼ完成したと見られるのに対して，意味解析型の技術は発展途上にある．

**3.3** 意味解析型機械翻訳を実現するには，従来の要素合成法の限界を超えることが必要であり，そのためには，言語表現の構造と意味を一体的に扱うための枠組みとして，言語表現の意味を体系化することが必要である．

**3.4** 機械翻訳処理は途中で生じる曖昧さとの格闘の過程といえるが，曖昧性は，それを判断する知識が欠落していることが原因である．したがって，機械翻訳システム設計の要点は，曖昧性の種類と解決に必要な知識の関係を見定め，それを得る方法(原文中から得るもの，あらかじめシステムに持たせるもの，外から与えるもの)について作戦を立てることである．

**3.5** 当面する最大の課題は，解析過程におけるロバスト性の保証と変換生成過程における訳文表現の適切性の向上の二つであり，これらを解決するには，言語知識の一層の整備を進める必要がある．

# 4
# 言語の統計

# 4 言語の統計

**【本章の課題】**

　パソコンの性能がよくなり，一人ひとりが数年前の大型コンピュータを持つような時代になった．また，言語処理研究の成果により種々のソフトウェアの利用が可能になった．さらに，新聞や小説集が CD–ROM で発売され，電子メールやインターネットで言語データの収集も容易になった．つまりパソコンによる言語研究の環境は良くなっている．

　ところが，パソコンを使えば何でもできるというわけではない．ソフトウェアの性能は人間と比べるとまだまだ劣るし，日本語の単語の数はどのくらいあるか，機械辞書にはどんな語を収録すればよいかなどわかっていないことは山ほどある．ごみをどんなに大量に集計してもごみしか出ないという人もいる．

　言語の統計的研究は，言語研究にとっても言語情報処理にとっても最も基礎的なデータを提供する．では，どのような研究が良い研究だろうか．これまでどのような研究があり，今後どのような研究が必要なのだろうか．本章では以上のような課題に答えるため，これまで多くの研究成果を生んだ語彙研究を主体にして言語の統計について解説する．

　すなわち，4.1 節ではことばの数量化について述べ，4.2 節では統計的操作の基礎知識について解説する．4.3 節では語彙調査の方法として，調査単位，同語異語の判別，意味分布の分析を述べる．4.4 節では雑誌，新聞，教科書，テレビ放送，話しことば，流行歌などの語彙調査を例に，そこで明らかになった語種・品詞分布，語構成分析，特徴語彙と共通語彙を紹介し，4.5 節では日本語と外国語との語彙の対照研究を紹介し，その問題点について述べる．

## 4.1 ことばの数量化

### (a) 言語について数を数えるということ

なぜ，ことばを測る必要があるのか．

言語を実用的な目的によって扱おうとすると，その言語の統計的な性質を知る必要が生ずることがある．たとえば，限りのあるワープロのメモリに辞書として何語入れれば実用として間に合うのか．外国語で話すのに，少なくとも何語覚えておけば自分の言いたいことがいえるのか．常用漢字やJIS漢字の決定には，よく用いる漢字を入れるために漢字の使用率を知ることが必要である．パソコンやワープロのキーボード配列を決めるには，単に文字の頻度だけでなく，ある文字の次にどの文字がくるかの確率も知る必要がある．両手を交互に使えるようにするためである．

では，言語研究における数量化の学問的意義はどこにあるのだろうか．

一般的にいえば，数はある現象の何か一つの面だけしか表さない．いいかえれば，数に表すということは，本来多面的な現象を，客観的で再現可能なある一つの切り方で捉え，そこにおける質的な相違を量的な相違に変換することである．数量化の対象とならなかった多くの情報は失われるが，対象となった現象は数に表すことによって，その特徴を簡単明瞭に示すことができ，その結果は誰にでも等しくわかり，また追試することができる．さらには種々の統計的操作を加えることができる．数量化のこの特徴によって，ややもすれば主観的・多面的なこれまでの言語分析を，問題をしぼり，統計的な集計・分析によって，誰がみてもはっきりとわかる形に表し，その結果を共有し，さらに発展させることができるのである．

例によって説明しよう．一般に日本語の音韻構造は，英語と比べて簡単だとか，日本語の発音は機関銃の音のようにダッダッダッダッダッと細切れだとか言われる．このことについて小さな調査を試みよう．かりに，芥川龍之介の作品『羅生門』の冒頭の一節をとりあげる．

原資料は次のとおりである（ただし原文は縦書き，振り仮名は省略）．

或日の暮方の事である．一人の下人が，羅生門の下で雨やみを待ってゐ

た．

　廣い門の下には，この男の外に誰もゐない．唯，所々丹塗の剝げた，大きな圓柱に，蟋蟀が一匹とまってゐる．羅生門が朱雀大路にある以上は，この男の外にも，雨やみをする市女笠や揉烏帽子が，もう二三人はありさうなものである．それが，この男の外には誰もゐない．

(『芥川龍之介集』日本近代文学大系 38，角川書店，1970 年)

この原資料を，現代語音の音素表記すると次のようになる(ŋ は鼻濁音，N は撥音，q は促音を示す)．

　aru hi no kureŋata no koto de aru. hitori no geniNŋa, rasyoomoN no sita de amayami o maqte ita.

　hiroi moN no sita ni wa, kono otoko no hoka ni dare mo inai. tada, tokorodokoro ninuri no haŋeta, ookina marubasira ni, kiriŋirisu ŋa iqpiki tomaqte iru. rasyoomoN ŋa suzakuoozi ni aru izyoo wa, kono otoko no hoka ni mo, amayami o suru icimeŋasa ya momiebosi ŋa, moo nisaNniN wa arisoo na monode aru. sore ŋa, kono otoko no hoka ni wa dare mo inai.

　この音素の数をかぞえると，音素の種類は 23 種，音素の出現回数は 345 回ということがわかる．この値により，たとえばこの資料の外国語訳があれば，それと比べて，日本語の音素数の多いとか少ないとかの比較が客観的な数値によってできる．

　その内訳を調べると音素の使用率順表が得られる(表 4.1)．また，これを分類すると，表 4.2 が得られる．

　これにより，母音は，長母音を含め六つしかなく，その割合の合計は 52.8% と多いことがわかる．また，子音の中では鼻音が 35.7%，破裂音が 27.9% と多いことがわかる．日本語の音節には少なくとも一つの母音がある．したがって 1 母音の音節が少なければ，子音の割合が 44.6% と少ないから，他の音節は「1 子音＋1 母音」の単純な構造であることが推察される．また，別に音節の長さを調べれば，それがほとんど一定であることがわかるだろう．

　もちろん，これらの数値は，音をどこで作っているか(調音点)や，そのときに声帯は振動しているかどうかなどの区別は入っていないし，実際の音声が上記のようにはっきり他と区別された一つの音として認識できるのかどうかなど

表4.1 『羅生門』における音素の使用率順表

| 順位 | 度数 | 使用率(%) | 見出し | 順位 | 度数 | 使用率(%) | 見出し | 順位 | 度数 | 使用率(%) | 見出し |
|---|---|---|---|---|---|---|---|---|---|---|---|
| 1.0 | 64 | 18.6 | o | 10.0 | 13 | 3.8 | e | 17.0 | 4 | 1.2 | w |
| 2.0 | 50 | 14.5 | a | 10.0 | 13 | 3.8 | u | 18.5 | 3 | 0.9 | q |
| 3.0 | 42 | 12.2 | i | 10.0 | 13 | 3.8 | s | 18.5 | 3 | 0.9 | z |
| 4.0 | 28 | 8.1 | n | 12.0 | 9 | 2.6 | ŋ | 20.0 | 2 | 0.6 | b |
| 5.0 | 22 | 6.4 | r | 13.5 | 7 | 2.0 | d | 22.0 | 1 | 0.3 | c |
| 6.0 | 18 | 5.2 | m | 13.5 | 7 | 2.0 | h | 22.0 | 1 | 0.3 | g |
| 7.0 | 17 | 4.9 | k | 15.5 | 6 | 1.7 | N | 22.0 | 1 | 0.3 | p |
| 8.0 | 15 | 4.3 | t | 15.5 | 6 | 1.7 | y | | | | |

表4.2 使用された音素の分類

| | 度数 | 使用率(%) |
|---|---|---|
| 母音　a, i, u, e, o | 182 | 52.8 |
| 子音 | 154 | 44.6 |
| 　半母音　w, y | 10 | 6.5 |
| 　摩擦音　h, s | 20 | 13.0 |
| 　破擦音　z, c | 4 | 2.6 |
| 　破裂音　g, k, b, p, d, t | 43 | 27.9 |
| 　鼻音　m, n, ŋ | 55 | 35.7 |
| 　流音　r | 22 | 14.3 |
| 撥音　N | 6 | 1.7 |
| 促音　q | 3 | 0.9 |

も入っていない．たとえば，ここで子音 h としてまとめた音も，実際に発音してみれば ha, ho と hi と hu では異なることがわかる．

すなわち，言語現象のどこに注目して数量化しているかにより，他の質的な差は無視されている．しかし，一度数に表されると，それぞれの音素の頻度数や全体に対する割合を出し，グラフにも書き，その量的な特徴を一目で知ることができるし，他の言語データと比較することもできるのである．

このように，計量的調査によれば，それが後に述べるような良い調査でありさえすれば，調査者が学生であれ一般人であれ誰であろうと，結果が等しく評価され，利用されることができるのである．

何が数量化でき，何が数量化できないかは，この分野の研究が進まなければ

わからないが，これまでにどのような言語現象が数量化されているかは，各種の文献によってそのだいたいが知れよう．

### (b) 言語を測るものさし

人間の背の高さを測るためには身長計があり，体重を測るためには体重計があり，それぞれメートル，グラムの単位によってその量を測る．この単位によれば，どこででも，誰でもが身長や体重を測ることができ，またその結果を他と比べることができる．

言語現象を測るためにも，何らかのものさしが必要である．それにはどのようなものがあるだろうか．

先例，芥川龍之介の『羅生門』の冒頭の一節を現代かなづかいでかな表記すると次のようになる（以下は，原資料を単語に分かち書きし，段落のはじめは1字下げで示している）．

　　　ある ひの くれがた の こと で ある． ひとり の げにん が， らしょうもん の した で あまやみ を まって いた．
　　　ひろい もん の した には， この おとこ の ほか に だれ も いない． ただ， ところどころ に ぬり の はげた， おおきな まるばしら に， きりぎりす が いっぴき とまって いる． らしょうもん が すざく おおじ に ある いじょう は， この おとこ の ほか にも， あまやみ を する いちめがさ や もみえぼし が， もう にさんにん は あり そう な もの で ある． それ が， この おとこ の ほか には だれ も いない．

ここでは，これを測るものさしとして，音素，文字，語，文，段落を用いる．この五つのものさしで，その言語量を測ると表4.3のような結果になる．

もちろん，ここにあげた以外にもものさしはあるし，新しく作り出すこともできるだろう．たとえば，語を測るものさしとして語をあげたが，表に示したように文節というものさしもあるし，また普通は1語と考えられている「雨やみ」を，「雨」と「やみ」に分けて2語と数えるようなものさしも考えられる．

ものさしには言語量を測るもの以外にもいろいろある．しかし，ここで大切なのは，それぞれのものさしが言語現象のどのような側面を切り取るためのものかを忘れてはならないことである．さもないと，得られた数値を誤って用いるおそれがある．

表 4.3 『羅生門』の冒頭の一節の言語量

| ものさし(単位) | 延べ | 異なり |
|---|---|---|
| 音素 | 345 | 23 |
| 文字　かな | 195 | 50 |
| 　　　漢字・かな | 142 | 71 |
| 語 | 92 | 49 |
| 　　文節 | 48 | 41 |
| 文 | 6 | 6 |
| 段落 | 2 | 2 |

(c) ものさしの条件

　計量的研究のための道具となるものさし(調査単位)が備えていなければならない条件について考えよう．まず，重要なのは次の条件である．
　(1)　その単位は，対象となる言語表現の何について調べるためのものであるかが，誰にでもわかり，誰もが試みることができ，再試すれば同じ結果を得ることができるものであること．
この条件は，数量化という行為の本質にかかわるものである．
　言語の計量において，多くの場合に必要なのは，「延べ」と「異なり」という概念である．これは次のようなものである．すなわち，語数を例にとれば，
　　咲い/た/咲い/た/桜/が/咲い/た
においては，/で区切ったように八つの語が並んでいるとも，「咲く」「桜」「が」「た」の四つの語がその形を変えたりして使われているとも言える．前者の見方での語を**単位語**(token)，その数を**延べ語数**といい，後者の見方での語を**見出し語**(type)，その語を**異なり語数**という．
　また，この例で延べ語数は 8，異なり語数は 4 という，正の整数が語数として得られた．付属語は一人前の語ではないから 0.5 語と数えるとか，接頭語は 0.8 語と数えるとかはしない．すなわち，語数は，温度のように連続的に変化する連続量ではなく，一つ一つ現象を別々に数えることによって得られる離散量である．
　したがって，次の二つの条件，すなわち延べ数を得るための条件(たとえば

語で言えばこれは単位語を得るための条件である），異なり数を得るための条件（見出し語を得るための条件）が必要になる．また，これらは離散量であるから，次の条件の表現にあるように，0か1か，ある語を得るか得ないかがはっきりしていなくてはならないのであって，その中間ということはあってはならない．この条件は，実施の段になると頭で考えるほど簡単なものではない．条件は次の(2)と(3)である．

(2) ある言語現象に対して，あいまいさや矛盾がなく，一義的にその単位を切り取ることができること．切り取られた単位は等質であること．

(3) 切り取られた単位に対して，その見出しが決まること．ある単位と別の単位とが同じ見出しを持つか否かが見分けられること．

(2)において，単位が等質であることとは，1と数えられる質的相違が，数量化の対象である言語現象において，ある場合には大きく，ある場合には小さいというようなことがあってはならないということである．たとえば，最も数量化が容易だと思われる文字においても，ひとますに印刷されているcmや，二ます以上にわたって印刷されている，繰り返し記号の〜や〲などを1と数えるのか，2と数えるのか，またそれらを他の文字と比べてよいのかという問題である．単語の例でいえば，模様をあらわす語の「市松」や「格子」が1語で，「鹿の子」が3語と数えるような単位は等質とは言えないだろう．調査単位が等質であれば，それによって得られる数値の比較や演算ができる．すなわち，使用度数や延べ数についての算術的演算が意味を持つことができる．

(3)の条件は，たとえば語彙調査についていえば，語形が同じ単位語である「よく」が，形容詞であれば見出し語「よい」，副詞であれば見出し語「よく」に属し，この場合別の見出し語を持つと決定できるということを言っている．この条件によって，異なり語数に集合論的演算を施すことが意味を持つことができる．

「単位語」「見出し語」などの性質・厳密な定義については，水谷(1958b, 1977)などを参照されたい．また，4.3節(e)では，いろいろな語の単位の例を示した．

## 4.2 統計的操作の基礎知識

### (a) 言語の計量的研究の歴史

言語の計量的研究の芽生えは，国語教育，外国語教育の分野で見られた．

すなわち，明治中期の日本語表記についての数多くの議論は，各種の漢字の字数の調査を生み，学校教育の充実が国語教育の分野で，学習基本語集の研究(1924年，千葉県鳴浜小学校における『新入学児童語彙の調査』)や基本語彙の研究(垣内松三『基本語彙学』(上)1938年)を生み，日本の海外進出が日本語教育のための基礎日本語の研究(1934年，関東州公学堂・満鉄公学堂による満州・朝鮮・台湾・文部省の教科書調査)を生んだ．

これら第二次世界大戦以前に行われた計量的研究の中で次の6氏の研究は，言語研究に計量的研究を取り入れた時期の早さ，調査量の大きさ，調査の正確さなど，それに続く研究への影響という点で特筆されなければならないだろう．すなわち，大槻文彦の辞典『言海』(1884年)の巻末にのせた品詞別・語種別収録語数表，大西雅雄の80万字余の漢字調査(1941年)，阪本一郎の134万語にわたる語彙調査(1943年)，波多野完治の文章心理学の建設(1935年)，石黒修の外国の語彙調査の紹介，I. Maki の L. Faucett との英語の基本語集の選択(1932年)がそれである．

戦後，多くの計量的研究があり，その分野を研究対象とする「計量国語学会」が1957年に設立された．また，言語情報処理の研究の中にも計量的研究がある．これらは，情報処理学会の中に設けられた「MT委員会・計算言語研究会・自然言語処理研究会」や1994年に設立された「言語処理学会」ほかの研究報告や学会誌において発表されている．

### (b) 記述統計と推測統計

言語の計量的研究においてまず行われたのは，**記述統計**である．これは，集められた資料を整理し，その内容を特徴づけるいくつかの数値を算定して，これから全体のようすをつかもうという研究法である．調査対象に関する知識が少ない場合，記述統計をとらざるを得ない．記述統計では，調べた範囲での結

果しか得られない．汎用的な結果を得るためには，調査数をできるだけ大きくしようとする．この結果，大量調査が生まれる．語彙調査の初期の段階，たとえば，ドイツ語についてのケーディング（F. W. Keading）の1000万語調査や，英語についてのソーンダイク（E. L. Thorndike）らの1800万語調査がその例である．しかし，大量調査は気軽に実施できるものではなく，またできても，調査の質を一定に保つことが困難で，その結果信頼性もとぼしくなる．

　大量調査の行き着く先は調査対象の**全数調査**であるが，商品検査，日本人の話しことば調査，動物の生態調査など実際には全数を調査できないことが多い．そこで，調査対象からデータを抜き出し，抜き出されたデータ（これを**標本**または**サンプル**と呼ぶ）を調査し，その結果からもとの調査対象全体（これを**母集団**と呼ぶ）を統計的に推定するという，標本調査が考案された．これが**推測統計**である．標本という一部分に関する情報から母集団という全体に関する結論をいかに導き出すか，また，どのように標本調査を行うかが問題である．

　全数調査にするか，標本調査にするかは，その目的（または，結果がどの程度の信頼性を持てばよいか），費用，調査期間，実現性によって選ばれる．たとえば，古典のような資料が限られているものについては全数調査はやむを得ないが，現代語のように限りなく資料があるものについては標本調査がよい．

　国立国語研究所の『現代雑誌九十種の用語用字』の調査は，1956年における90種の雑誌，延べ約23万ページ，推定約1億4000万語から抽出比227分の1で助詞・助動詞を含め約53万語を調べた（4.4節(a)参照）．全数調査であれば，その費用，調査期間ははかりしれず，調査精度の維持も難しくなるだろう．調査結果である語彙表には，標本使用度数7以上の語を，使用率と95％信頼区間（母集団における使用率が少なくとも95％の信頼度ではいる使用率の区間）とともに掲げてある．使用度数1の語までを載せていないのは，それが標本調査だからである．すなわち，これらは標本に現れたか否かが相当に偶然に左右されるからである．

　ところで，現在は，大量の電子化データがあり，またそれを分析するためのプログラムも用意されている．しかし，コンピュータを用いたからといって正確な結果を得られるとは限らない．調査目的にあった資料を集め，正しく数量化し，分析するのに十分な量と適当な統計的手法をもちいているかが重要である．

多くの統計的手法においては，正規分布するデータについての方法が多い．言語データは，正規分布する場合もあるが，そうでない場合も少なくない．したがって，データの分布を見て統計的手法を選ぶべきである．そのために，頻度表(単語の頻度調査では語彙表)を作り，度数分布表，度数分布図を作ることが肝要である．度数分布表や分布図を作ることによって，度数がどのように分布しているかが一目でわかり，以後の統計的数値の意味がよくわかる．

### (c) 語彙分布の法則

語彙の計量的研究において，いくつかの法則が発見された．その二,三を次に紹介しよう．

最初は語の使用率に関する法則である．

どのような文章表現でもある程度の語数があれば，語彙調査して得られた語彙表を見ると，頻度1の語が非常に多く，頻度が多くなるにしたがいその頻度をもつ語は急激に少なくなる．これを図にするとLの字のような分布(図4.1)を示すため，**L字型分布**と呼ばれることもある．

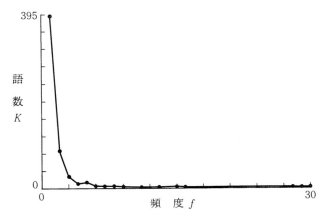

図 4.1　小説『蜜柑』の語数分布(北原他1978をもとに作成)

さて，使用度数 $f$ とその度数を持つ見出し語数 $k$ の分布について**ジップの第2法則**(Zipf's second law)がある．これは，$b$ をその表現における定数とすると

$$kf^2 \fallingdotseq b$$

が成り立つというものである．同様に使用度数と見出し語の関係を示したも

のに**水谷の法則**がある．これは，$\alpha$ と $\beta$ を表現における定数とするときの，使用率 $p$ の分布関数は

$$F(p) \fallingdotseq \frac{p}{\alpha p + \beta}$$

であるというものである（水谷 1958b）．

　使用率の分布とは，その使用率を持つ見出し語がいくつあるかを示すものである．ここで，使用率 $p$ は使用度数 $f$ の延べ語数 $N$ に対する割合（$p=f/N$）である．一般化すれば，その分布は見出し語の数 $k$（累加異なり数）を対象の語彙量 $L$ で割った値と $p$ との関係である．

　図 4.2 と表 4.4 は，芥川龍之介の『蜜柑』（延べ語数 $N=1020$，異なり語数 $L=552$）の語の使用度数分布（北原他 1978）に，水谷の法則を適用し，頻度と累加異なり数の分布にあてはめたものである（水谷 1982）．水谷の法則による分布が実際の分布によく近似していることがわかる．

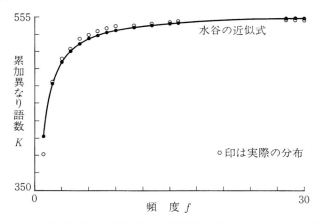

図 4.2 　小説『蜜柑』の累加異なり語数分布（水谷 1982 をもとに作成）

　文の集合における品詞別の語彙分布について，樺島忠夫は，延べレベルで名詞（N），動詞（V），形容詞・形容動詞・連体詞・副詞（Ad），接続詞・感動詞（I）のそれぞれの構成比（%）には，次の関係が近似的に成り立つことを 1955 年に発見している（樺島 1955）．これは，**樺島の法則**と呼ばれる．

$$\text{Ad} \fallingdotseq 45.67 - 0.60\text{N}$$
$$\log \text{I} \fallingdotseq 11.57 - 6.56 \log \text{N}$$

## 4.2 統計的操作の基礎知識

表 4.4 小説『蜜柑』の統計（水谷 1982 をもとに作成）

| 頻度 $f$ | 語数 $k$ | 使用率 $100p$ | ジップ $kf^2$ | 累加語数 $K$ | 水谷分布 | $K/L$ |
|---|---|---|---|---|---|---|
| 1 | 392 | 0.098 | 392 | 392 | 413.3 | 0.710 |
| 2 | 85 | 0.196 | 340 | 477 | 475.8 | 0.864 |
| 3 | 28 | 0.294 | 252 | 505 | 501.0 | 0.915 |
| 4 | 11 | 0.392 | 176 | 516 | 514.6 | 0.935 |
| 5 | 13 | 0.490 | 325 | 529 | 523.2 | 0.958 |
| 6 | 5 | 0.588 | 180 | 534 | 529.0 | 0.967 |
| 7 | 4 | 0.686 | 196 | 538 | 533.3 | 0.975 |
| 8 | 4 | 0.784 | 256 | 542 | 536.5 | 0.982 |
| 9 | 2 | 0.882 | 162 | 544 | 539.1 | 0.986 |
| 11 | 1 | 1.078 | 121 | 545 | 542.9 | 0.987 |
| 13 | 1 | 1.275 | 169 | 546 | 545.5 | 0.989 |
| 15 | 2 | 1.471 | 450 | 548 | 547.4 | 0.993 |
| 16 | 1 | 1.569 | 256 | 549 | 548.2 | 0.995 |
| 28 | 1 | 2.745 | 784 | 550 | 553.4 | 0.996 |
| 29 | 1 | 2.843 | 841 | 551 | 553.6 | 0.998 |
| 30 | 1 | 2.941 | 900 | 552 | 553.8 | 1 |

$$V \fallingdotseq 100 - (N + Ad + I)$$

これを図示すれば，図 4.3 のようになる（図中 M は Ad）．

同様に，1956 年に大野晋が異なりレベルで古典の作品群に対して適用し，1965 年に水谷静夫がこれに数学的表現を与えるとともに現代雑誌にもあてはま

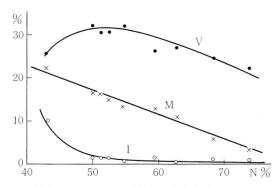

図 4.3 樺島の法則：品詞別語彙分布（延べ）（樺島 1964 より）

ることを示した．すなわち，任意の3作品，甲・乙・丙の各語彙について，名詞の構成比をそれぞれ $X_0, x, X_1$ とし，名詞以外のある品詞の構成比をそれぞれ $Y_0, y, Y_1$ とすると，次の関係が近似的に成り立つ．これは，**大野の法則**と呼ばれる．

$$\frac{y - Y_0}{Y_1 - Y_0} \fallingdotseq \frac{x - X_0}{X_1 - X_0}$$

これを図示すれば，図 4.4 のようになる．

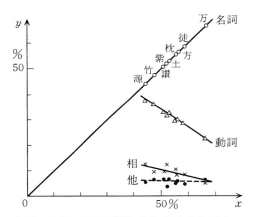

**図 4.4** 大野の法則：品詞別語彙分布（異なり）（水谷 1982 より）
図中，名詞の線上の ○ により『万葉集』『徒然草』『方丈記』『枕草子』『土佐日記』『紫式部日記』『讃岐典侍日記』『竹取物語』『源氏物語』の割合が $x$ 軸でわかる．○ の位置から $x$ 軸に垂直に線を下すと，動詞（△），形容詞と形容動詞をあわせた語(図中の相，×），その他の語（●）の割合が $y$ 軸によりわかる．

人の意思により自由に変更できる言語表現にさえ，このような法則が成り立つのである．

　これらの言語に関する計量的研究は，それが新しい分野であればあるほど数多くの記述統計学的研究の成果の上に，推測統計学や新しい統計的手法による言語の量的法則の発見など，今後ますます発展していくものと思われる．

## 4.3 語彙調査の方法

### (a) 調査の企画

　何を調べるかの目的が最初にあり，それに従って調査が企画される．調査目的に最も合った方法，対象範囲をとらなければならない．

　調査対象の範囲の確定をおろそかにすると，結果が何を示しているのかがわからなくなることがある．たとえば，漱石の用語を調べる目的で『坊っちゃん』だけを調査対象とするのは他の作品を無視することになるので問題がある．何となく面白そうなので手あたりしだいに調べましたというのでは科学的な調査とは言いがたい．

　ある調査が良い調査だといわれるためには次の五つの条件を満足しなければならない（水谷 1957）．

　（1）　妥当性　まさに知ろうとする目的を正しくつく操作であること．
　（2）　信頼性　同じ対象に同じ操作を加えた結果があまり大きく変動するようなものでないこと．
　（3）　客観性　結果が主観によってまちまちになるような操作ではないこと．
　（4）　再現性　調べる対象の実際の姿が，操作を加えた結果から正しく見きわめられること．
　（5）　適応性　その操作が実際に無理なく行え，かつ妥当な結果をもたらすようなものであること．

以上の条件のうち最も重視すべきは妥当性である．

　この五つの条件について言語調査の例によって説明しよう．

　妥当性　たとえば，文章の長さをはかるのに，音節数，文字数，語数のどれをもってするかは，目的による．朗読の時間を知るためには，音節数が妥当であり，雑誌などの原稿の長さを知るには文字数が妥当だろう．文の長さについては，文体論的，表現論的，著者推定のためなどいろいろな調査研究（安本 1957；水谷 1957）があり，その目的にしたがって調査法が決められる．

　信頼性　たとえば，騒音の激しいところでの話しことばの録音には注意を要

する．マイクを用いないモノラル録音では，偶然の騒音によりことばが消えることがある．

客観性　たとえば，使用語彙の意味分布をみるために，意味分類の基準がいかようにも解釈できる分類を用いたのでは，正確なデータを出すことはできない．

再現性　数値データが正規分布していないのに，平均値をもって全体の値を代表するのは問題がある．

適応性　計画だけで，同種の先行研究の調査や予備調査を行わないペーパープランは適応性を欠くものである．

## (b)　調査の目的

4.2節(a)で述べたように，語彙調査の歴史は古い．しかし，大型の調査には，多大な労力と費用が必要なため，個人による研究は少なかった．1948年の国立国語研究所創立以来，現代日本語の語彙について継続的に大規模な語彙調査が行われた．その目的の一つは，基本語彙を求めることであった．最初の調査の報告書である『婦人雑誌の用語』(1953)にその目的を次のように述べている．

　　われわれは日常のどのような言葉を用いているか，その一々の言葉は，どのような性格——履歴・意味・文法上の性質・音韻上の性質・文字に表される時の習慣など——を持って，どのような場合に用いられるか．また，われわれは，どれほどの数にのぼる言葉を知っており，そのうちどれほどを日常の用にあてているか．更に，どのような言葉が新たに用いられはじめ，あるいはすたれていったか．そこには，どのような条件が働いたのであるか．等々の問に答えなければならないのが語彙調査である．

当初は，雑誌の語彙についての調査が行われ，調査結果の報告とともに方法の確立と統計的な意味付けを行った．その答えが1962年の『現代雑誌九十種の用語用字』であった．雑誌の調査の後，新聞，教科書，テレビ放送と次々に国民の言語生活に大きな影響を与える対象を選び調査を進めている．したがって国立国語研究所は，各分野から言語資料を集め日本語の全体を代表するサンプルを作り調査を進めるという方法はとっていない．

一方，個人による個々の資料について目的をしぼった語彙調査も少なくない．

特に語彙は，表現の主体や方法，場面など，その位相によってその様相が大きく異なるから，語彙の位相についての研究が多い．以下にその例を示す．

実際に使用された語彙を調べるのか，理解できる語彙を調べるのかでは語数が異なる．高校教科書の「化学」に用いられた異なり語数は 1805 にすぎないが（国立国語研究所 1983），高校 1 年生の理解語彙は平均 30664 語であるという報告がある（森岡 1951）．使用語彙は，理解語彙に比べ少ないのである．

また，伝達の媒体が音声言語か文字言語かによってもその様相が異なる．短期大学の学生が行った小スピーチと，それを書きことばに直した文章を比べると，異なり語数・延べ語数ともに書きことばの方が少なく，したがって話しことばは，同じことばの繰り返しが多く冗長である（中野 1977）．

言語の送り手の性，年齢によって使用される語種の割合が異なる．一般に男性は女性に比べ漢語を多用し，年齢が高くなるにつれて漢語の使用が多くなる．聞き手が誰であるかによっても語種の使用が異なる．また，あらたまった場面の方がくつろいだ場面より漢語が多くなる（野本 1959；土屋 1965；中野 1987）．

同じ音声言語でも，ラジオとテレビでは使用される語彙および語彙量が異なる．すなわち，テレビでは映像を見れば当然わかるはずのことをラジオでは音声で伝えなければならない．したがってラジオの方が延べ語数が多い．テレビの語彙では，ラジオでは伝える余裕の無い話題を表す語彙や画面がなければ意味の通じにくい指示語などが多い（中野 1983）．

(c) 調査の方法

語彙調査の対象によって調査方法も異なる．

**音声言語の調査**

牛島義友ら(1943)の幼児の話しことばの調査では，児童観察室での言動を観察し，紙に書き取る方法をとった．録音器ができてからは書き取りはなくなったが，1951 年の頃は竿につけたマイクと何 kg もする録音器を担いで話し手を追いかけたという（斎賀秀夫氏談）．それに比べ，現在はビデオ装置の開発によって，音声だけでなく映像の記録も容易になった．

### 文字言語の調査

　文字言語の調査は音声言語や理解語彙の調査に比べ容易であるため，大量調査が可能である．しかし，大量だから正確だとは必ずしも言えず，さらに以下に示すように複雑な工程があり，したがって，『現代雑誌九十種の用語用字』の調査のようにサンプリング調査が用いられる．

　用例収集のように特定の語を調べたい場合には，調査対象を1冊ずつ読んだり，電子化されたコーパスをコンピュータにより一挙に検索したりする．この方法は，手作業より簡単に大量の用例を得ることができる．場合によっては，内省による予想より現実の用例の方が多様である（田野村 1995）．

　ただ，大量だからといってそれですべての用例が検索しつくされたと思わぬことが重要である．世の中に存在するすべてのテキストが入っているわけでないのは言うまでもない．また，語の認定がすんでいなければ，文字列検索によらざるを得ず，可能なすべての表記や形態による検索をしなければならない．水谷(1997)でも，

> machine-readable materials が在れば質的吟味を疎かにして飛びつく傾向が電子計算機処理の普及と共に却って強まったかに，見受けられる．それでは標本調査法出現以前の大量観察主義への逆行だ．

と述べている．注意したいことである．

### 理解語彙の調査

　理解語彙の調査では，辞書から抜き出した語を提示してその意味などを答えることによって，その語を理解しているかどうかを判定する（千葉県成浜小学校 1924 他）．森岡健二(1951)や阪本一郎(1955)の調査では，辞書から抽出した標本を提示することにより，母集団である辞書全体の語彙のどれだけを理解しているかという推測統計による方法を用いた．

　以下で語彙調査での個々の問題についてさらに詳しく記す．

### (d) 語彙調査の手順

　語彙調査はおおむね次のような手順で進める．

## 4.3 語彙調査の方法

**(1) 調査の企画：目的・対象と規模・工程設計**

調査を始める前に，するべき重要なことがある．最初に，調査によって何をあきらかにするのか，その目的を明確にする．たとえば，語種や品詞の分布を調べるのであれば，調査語数はそれほど多くなくてもよいだろう．『雑誌用語の変遷』の調査（国立国語研究所 1986c）では，雑誌『中央公論』を10年ごと，各1万語を調査した．また，話しことばの調査にテレビやラジオを調査するのは問題がある．それらの中には台本がある番組が少なくなく，それらには書きことばの朗読が含まれるからである．

次に，目的にしたがって調査対象を決め，得るべき結果の精度や費用・時間によって調査規模を決める．規模が大きければ正確な結果が得られると思うのは間違いである．多ければ多いほどエラーが多くなるものである．調査規模を小さくして目的を達するには標本調査を用いる．良い調査を計画通りに進めるには，あらかじめ調査工程を作り，投入すべき人員・時間，それぞれの工程で起こりえるエラー，作業管理，データ管理の方法等について検討しておかなければならない．

**(2) 調査の実施**

(i) 収 集

調査の実施の最初は，調査対象を収集し，そこから標本を抽出する．

たとえば，『電子計算機による新聞の語彙調査』（国立国語研究所 1970）では，各新聞社から新聞の最終版を送付してもらった．当時の新聞は15段組だったので，それを左右二つに分け，1ページを60ブロックとした．1日分の新聞のページを調べ，1年分のブロックに番号をふる．次に発生させた乱数が，どの新聞の何月何日何ページの何ブロックに当たるかを記したサンプリング台帳を作った．これにより，実際に調査すべき標本を得たのである．

また，『テレビ放送の語彙調査』（国立国語研究所 1995, 1997a）では，1年365日24時間を5分間隔に分け，番号をふった．次に乱数により調査すべき時間帯を割り当て，サンプリング台帳を作った．次に，台帳により標本の前10分，後5分も含め合計20分をビデオデッキで予約録画した．

(ii) データの作成・単位語・見出し語の作成と集計

作業を人手で行うか，コンピュータを用いるかによって方法が異なる．

168    4 言語の統計

　対象が音声言語の場合は，文字化が必要である．文字化を仮名，ローマ字，音声記号のどれで行うか，またポーズやイントネーションなどを対象とするかは調査の目的による．テレビ放送の語彙調査では，仮名を用いた．この作業は，人手でもコンピュータでも同じである．以降，作業別に述べる．

　手作業の場合は，カードを用いるのがよい．コピー機械を多用する(林四郎 1973)．

・データ作成　資料を扱いやすい大きさのカード(上部5分の1程度をあけ

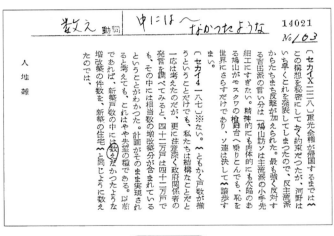

図 4.5 『現代雑誌九十種の用語用字』調査における単位語と見出し語カード

4.3 語彙調査の方法　169

ておく）にコピーする．コピーの枚数は，1枚のカードに含まれる見出し語数程度である．
- 単位語作成　次に，単位語（カードの中の語）を丸で囲む．一つの単位語を1枚のカードにする．その後，各カードに出典情報（サンプリング番号など）とカード番号を上部に書く．
- 見出し語作成　単位語カードを50音順にならべ，見出し語を上部に書く（図4.5）．見出し語は仮名で書き，同音語を区別するため代表的な表記をそえる．必要に応じ品詞を加える．
- 集計　単位語カードを見出し語の50音順に並べる．それぞれの見出し語毎に数を数え，見出し語，頻度（枚数），語種，品詞情報などを書いた見出し語カードを作る．
- 見出し語カードをもとに集計，分析をする．

コンピュータを用いる場合は，次の手順をふむ．

データを入力し，これを単位語に分け，代表形・語種・品詞・読みなどの情

| 見出し語 | 頁 | 行 | 用例 | |
|---|---|---|---|---|
| あ | 465 | 06 | 冷汗が出た．「お頭痛は」と僧が問うた．「 | あ．懺りました．」実際閻はこれまで頭痛がする，頭 |
| 閻 | 462 | 01 | なつたので，上機嫌である．それに此三日る | 閻　に，多人数の下役が来て謁見をする．受持受持の事 |
| 生憎 | 462 | 06 | 受けて，これから任地へ旅立たうとした時， | 生憎　こらへられぬ程の頭痛が起つた．単純なレウマチ |
| 合う | 472 | 02 | 上座の僧に食事を供へて置いて，自分で向き | 合つ　てーしよに食べてゐるのを見付けられましたさう |
| 逢う | 462 | 11 | 主か」と云つて閻は暫く考へたが，「兎に角 | 逢つ　て見るから，こゝへ通せ」と言ひ付けた．そして |
|  | 468 | 12 | せて来たので，県令役人の迎へに出たのに逢 | つた時，もう午を過ぎてゐた．知県の官舎で休んで |
| 蒼 | 468 | 08 | 行く．初め陰つてゐた空がやうやう晴れて， | 蒼　白い日が岸の紅葉を照してゐる．路で出合ふ老幼は |
| 垢 | 463 | 04 | つて来たのは，一人の背の高い僧であつた． | 垢　つき穢れた法衣を著て，長く伸びた髪を，眉の上で |
| 上り | 468 | 13 | 聞いて見ると，こゝから国清寺までは，爪尖 | 上り　の道が又六十里ある．往き著くまでには夜に入り |
| 上がる | 474 | 04 | うな笑声を出したかと思ふと，一しよに立ち | 上がつ　て，廚を駆け出して逃げた．逃げしなに寒山が |
| 明家 | 470 | 10 | の網を払ひつゝ先に立つて，閻を豊干のゐた | 明家　に連れて行つた．日がもう暮れ掛かつたので，閻 |
|  | 471 | 02 | じて，全身の肌に粟を生じた．閻は忙しげに | 明家　を出た．そして跡から附いて来る道翹に言った． |
|  | 470 | 08 | 僧院の址はどうなつてゐますか．」「只今も | 明家　になってをります．折々夜になると，虎が参つ |
| 諦念める | 467 | 12 | 求めるでもなく，自分を道に疎遠な人だと | 諦念め　別に道に視密な人があるやうに思つて，それ |
| 上げる | 474 | 03 | それから二人で顔を見合せて腹の底から龍み | 上げ　て来るやうな笑声を出したかと思ふと，一しよに |
|  | 470 | 12 | 窓の外を吹いて通つて，堆い庭の落葉を捲き | 上げ　たり，燈明を上げたり，其外供へものをさせたり |
|  | 471 | 13 | 三年程立ちました時，食堂で上座の像に香を | 上げ　たり，燈明を上げたり，其外供へものをさせたり |
|  | 471 | 13 | 時，食堂で上座の像に香を上げたり，燈明を | 上げ　たり，其外供へものをさせたりいたしましたさう |
| 足 | 473 | 09 | ．一人は髪の二三寸伸びた頭を剥き出して， | 足　には草履を穿いてゐる．今一人は木の皮で編んだ帽 |
|  | 473 | 10 | ゐる．今一人は木の皮で編んだ帽を被つて， | 足　には木履を穿いてゐる．どちらも痩せて身すばらし |
| 足跡 | 470 | 12 | つ無い．道翹は身を屈めて石畳の上の虎の | 足跡　を指さした．偶山風が窓の外を吹いて通つて，堆 |
| 味う | 462 | 02 | だしい中に，地方長官の威勢の大きいことを | 味つ　て，意気揚々としてゐるのである．閻は前日にド |
| 与へる | 468 | 10 | ふのが，手柄のやうに思はれて，閻に満足を | 与へる　のである．台州から天台県までは六十里半程で |
| 頭 | 473 | 09 | てゐるのが見えた．一人は髪の二三寸伸びた | 頭　を剥き出して，足には草履を穿いてゐる．今一人は |
|  | 465 | 03 | 僧が鉄鉢の水を口に銜んで，突然ふつと閻の | 頭　に吹き懸けた．閻はびつくりして，背中に冷汗が出 |

図4.6　森鷗外『寒山拾得』のKWIC（国立国語研究所1974）

報を付けて見出し語を認定する．データ量が少ない場合は，出現順に認定できるが，量が多い場合は KWIC(文脈付き索引，図 4.6)を用いて同語異語の認定をする方が正しく情報を付けることができる(第 1 章参照)．この作業を自動的にできるプログラムが作成されている．これを**形態素解析プログラム**という(本叢書第 3 巻第 2 章参照)．公開されているプログラムも多い(佐野 1997)．ただし，100％正しく解析されるわけではないので，チェックが必要である．

(iii) 分　析

各種の語彙表，集計表，KWIC を作成し，分析に用いる．パソコンによる語彙調査プログラムが公開されている(中野 1996a)．

### (e) 調　査　単　位

**国語辞典の見出しは調査単位になるか**

その国のことばの単語をみるには辞書を調べればよい，などと言われる．辞書は単語のリストであるというのが一般的な見解だろう．しかし，辞書の見出しは語彙調査の調査単位になるのだろうか．

思いつくままに，手元の辞書を引いてみると，たとえば，『新明解国語辞典』(第 3 版)には，次の見出しがみられる．

(1) あ(亜・阿・啞・…)→[漢語の造語成分]
(2) イ[音楽で]長音階のハ調のラにあたる音名
(3) う(助動・特殊型)
(4) え(感)
(5) オ[文献学などで]書物の丁付で表の略号
(6) か(副助)
(7) しかし(接)
(8) アール　面積の単位
(9) アイエルエフ
(10) み(接尾)
(11) お[御]
(12) んぼ[ん坊]
(13) さま[様]
(14) ごうり[合理]

(15) しゅぎ [主義]
(16) しずしず [静静]
(17) はな [花]
(18) えら−ぶ [選ぶ]
(19) サボ−る
(20) しろっぽ−い [白っぽい]
(21) ふまん [不満]
(22) ははおや [母親]
(23) ふまんぞく [不満足]
(24) さはんじ [茶飯事]
(25) ししょうかくひしょう [指掌角皮症]
(26) さはさりながら [然は然りながら]
(27) ねまちのつき [寝待ちの月]

これらの見出しをみれば，ひとまとめにして語というにはあまりにいろいろな単位があることがわかる．すなわち，ここには語を中心にするものの，文字や音節(1)(2)，記号(5)，助詞・助動詞(6)(3)，単位(8)，略号(9)，語構成要素(10)(11)(12)(13)，それ自体単独では用いられない語構成要素(14)(15)(16)，複合語(23)(24)(25)，連語や慣用句(26)(27)など，音素，文，文章以外のすべてが見られる．

したがって，語彙の計量調査の単位として辞書の見出しを用いるのは不適当である．

**国立国語研究所の語彙調査の調査単位**

語彙調査が大量であればあるほど，作業が長くなればなるほど，語の認定がゆれる．作業者を集めるためには規則の適用が簡単なことが必要である．たとえばポーズの位置や表記の習慣(漢字や片仮名で書くなど)を単位の切れ目にする方法は作業者にはわかりやすい．しかし，ゆれが大きくそれだけを基準にするわけにはいかない．そこで，国立国語研究所では語彙調査のための調査単位を作った．以下に調査単位の短い順に例を示す．

最初の記号は単位の名前である．長2以外は『図説日本語』(林他 1982)からの引用である．

M: 型｜紙｜どおり｜に｜裁断｜して｜外出｜着｜を｜作り｜まし｜た｜．
β: 型紙　｜どおり｜に｜裁断｜し｜て｜外出｜着｜を｜作り｜まし｜た｜．
長1: 型紙どおり　　｜に｜裁断し　｜て｜外出着　｜を｜作り｜ました｜．
W: 型紙どおり　　｜に｜裁断して　｜外出着　｜を｜作りました｜．
$\alpha_0$: 型紙どおりに　　　｜裁断｜して｜外出着を　　｜作りました｜．
$\alpha$: 型紙　｜どおりに　｜裁断して　｜外出着を　　｜作りました｜．
長2: 型紙どおりに　　　｜裁断して　｜外出着を　　｜作りました．｜
長2: 母親は｜本を｜読んでいる．｜

次に，簡単にその特徴を記す．

M　形態素単位．音読みの語構成要素は2要素1単位．他は1要素1単位．ゆれが少ない．文意から離れすぎることがある．W単位と併用した．（国立国語研究所 1983）

β　短い単位ともいわれる．ゆれが少ない．しかし付属要素の認定が難しい．（国立国語研究所 1962）

長1　長い単位ともいわれる．（国立国語研究所 1986c）

W　文構成にかかわる最小単位．（国立国語研究所 1984）

α　文節単位をもとに作られた．（国立国語研究所 1953）

長2　音声言語用に作られた長い単位．助動詞相当とした「ている」「ておる」「てある」などや助詞相当とした「において」「をもって」などを認めた．（国立国語研究所 1995）

## （f）同語異語の判別

### 国語辞典の利用

手元の7種の国語辞典で見出し「あつい」をどう立てているかを調べると，次表のように，漢字を用いると4種類の表記，3種類の立て方のあることがわかる．しかも，たとえば『岩波国語辞典』では，「熱い」「暑い」は同じ語の異なる表記であり，「厚い」「篤い」はそれとは別語と認めていると考えられる．したがって，同じ語か異なる語かを判別するために，『岩波国語辞典』と『新明解国語辞典』の二つを使うと，一方では「厚い」「篤い」は同語，他方では別語となる．少なくとも複数の辞書を同語異語の判別に用いることはできない．

4.3 語彙調査の方法　173

|  | 熱い | 暑い | 厚い | 篤い |
|---|---|---|---|---|
| 岩波国語(第5版) |  | ╱ |  |  |
| 広辞苑(第3版) |  | ╱ |  |  |
| 言泉(初版) |  | ╱ |  |  |
| 新明解(第4版) |  | ╱ | ╱ |  |
| 大辞林(初版) |  | ╱ | ╱ |  |
| 三省堂国語(第4版) |  | ╱ | ╱ | ╱ |
| 新選国語(第7版) |  | ╱ | ╱ | ╱ |

╱は別見出しとなる印

　国語辞典は限られたスペースしかなく，どちらかといえば文字言語用であり，音声言語にしか現れない語形の記載はないことがある．どの語形を記載するかは，その辞書の特色とともにこのような制限によって決められる．

　次表は，同じ国語辞典で「やはり」「やっぱり」「やっぱし」「やっぱ」が見出しとして立てられているかを示している．

|  | やはり | やっぱり | やっぱし | やっぱ |
|---|---|---|---|---|
| 岩波国語(第5版) | ◎ | ○ | × | × |
| 広辞苑(第3版) | ◎ | ○ | ○ | × |
| 言泉(初版) | ◎ | ○ | ○ | × |
| 新明解(第4版) | ◎ | ○ | ○ | × |
| 大辞林(初版) | ◎ | ○ | ○ | ○ |
| 三省堂国語(第4版) | ◎ | ○ | ○ | ○ |
| 新選国語(第7版) | ◎ | ○ | × | × |

◎は詳しい記述がある．○は参照見出しなど

　同語異語の判別の基準が語によって甘かったり厳しかったりしては計量調査には用いることができない．同じ辞書の中でそのようなゆれがあるのなら語彙調査に用いるのは適当ではない．

**同語異語の判別基準**

　同じ語か異なる語かを判別する基準は何によっているのだろうか．その問題を扱った「同じ語か異なる語かの線型判別函数による決定」(国立国語研究所1958)を引用する．

同じ見出し語の意味の違いか，同音異義語かを判別するための言語的性質として次の 11 の基準を検討した．

(1) 語源　違う出自か．また時代をさかのぼれば形に違いが出るか．
(2) 省略形　省略しない形，くずれない形が違うか．
(3) 変遷　意味の変遷の経路がたどれるか．
(4) 触れ合い　指されるものに内容上のつながりがあるか．
(5) 同系列語　同じカテゴリーに属し一つの意味系列をなす語が排反するか．
(6) 伴う語　等しい格で相伴い得る語の概念のカテゴリーに違いがあるか．
(7) 承接形式　他の語を受けまたは他の語に続くときの型に違いがあるか．
(8) 文法職能　同じ文法職能をもつか．
(9) 派生形　作り得る派生形で，対のそれぞれの意味と対応するものに違いがあるか．
(10) アクセント　アクセントの型に違いがあるか．
(11) 漢字　その意味を表す漢字が(少なくとも一つは)同じか．

これらの基準の判別へのかかわりを検討した結果，次の四つの基準を適用した．

① 基準 1 (触れ合い)　(1) 意味し方の共通観点の有無，(2) 指された概念・事物のカテゴリーの異同を調べ，それぞれに $+2, 0, -2$ と $+1, 0, -1$ の一つを与え，その和を $x_1$ とする．
② 基準 2 (漢字表記)　使っている漢字が同じか，全く同じか，一部同じかを $+2, +1, 0, -1, -2$ で表し，その和を $x_2$ とする．
③ 基準 3 (アクセント型)　同じか否かを $+2, +1, 0, -1, -2$ で表し，その和を $x_3$ とする．
④ 基準 4 (類語・対語)　同じか否かを $+1, 0, -1$ で表し，その和を $x_4$ とする．

これらの四つの基準によって与えられた値を，次の判別函数に代入し，同語か異語かを求める．

$$Z = 0.066 + x_1 + 0.555 x_2 + 0.423 x_3 + 0.199 x_4$$

$Z$ が $+$ なら同語，$-$ なら異語

［例 1］
　A「思想は相当にミギだ」と B「ミギお知らせします」の「ミギ」

1 (1) ともに問題のものの位置が特定の側にあるという観点　　＋2
　　(2) A は行為主体の属性．B は関係-位置．　　　　　　　－1
　　　よって，$x_1$ は ＋1
2　ともに「右」　　　　　　　　　　　　　　　　　　　　＋2
3　A は「ミギ」．B は「ミギ」．　　　　　　　　　　　　　－2
4　類語はともに適当なものがない．対語は A は「左」，B はない．－1
したがって，$Z$ は ＋1.131 となり同語．

［例 2］
　　A「スイた肉を焼く」と B「のりをスク仕事」の「スク」
1 (1) A も B も薄くする点では似るが，判定保留．　　　　0
　　(2) A は変形作業．B は完成作業．　　　　　　　　　－1
2　A には「剝」があてられ，B には「漉／抄」．　　　　　－2
3　ともに「スク」．　　　　　　　　　　　　　　　　　＋2
4　類語：A は「ソグ」．B には適当なものがない．　　　　－1
　　対語：ともに適当なものがない．　　　　　　　　　　0
したがって，$Z$ は －1.397 となり異語．

　この $Z$ の値による判定と，国立国語研究所の研究員の一致した事前判定との合う率は，同じ語の群に対して 92%，異なる語の群に対して 96% となった．すなわち，同語異語の判別に影響を与えると思われる基準の中で，これら四つの基準がそれぞれの重みをもって判定に加わっているということがわかったのである．

　実際の調査においては，国立国語研究所 (1964a, 1986c) などに見出し語認定の基準についての記述があるので参照されたい．

**文字言語における読みの決定**

　文字はすべてを読むことができる．しかし，書き手は必ずしも読みを期待していない場合もある．新聞の三行広告はその例である．
　　31 万　永続保証 (45 万上楽)　車通勤制
ここで，「上楽」は，素直に読めば「じょうらく」だろうが，それでは意味が通じない．声に出すとすれば「以上は楽々」などと読むのだろうか．しかし，読まなくても意味は通じる．

教科書でも読みを決定できないことがある．次の例の「卵」「数」はどう読むべきだろうか．

　　受精卵　卵と精子　鳥類などの卵は卵黄が多く　カイコの卵の色
　　数キロ　振動数　分子の数が減少すると　白人の数の方が多い
　　その数 600 万を数え　力の数が多いときには　波の数が変化する

「らん」「すう」と読めば漢語,「たまご」「かず」と読めば和語となり，それぞれは異なる語となる．どう読むかが見出し語を決定するのだが，書き手ははたしてどう読まれることを期待したのだろうか．

### (g)　語彙の意味分布についての分析

　普通の辞書は 50 音順やアルファベット順に語が並んでいるが，意味の体系にしたがってならんでいる辞書がある．このような辞書を**シソーラス**(thesaurus)という．50 音順の辞書は主に語の意味を知るために用いるが，シソーラスは語を探すために用いる．文を作るときに適当な語が思いつかないことがある．このようなときにシソーラスはなくてはならないものである．

　『**分類語彙表**』(国立国語研究所 1964) は，日本語の代表的なシソーラスである．英語では有名な『ロジェーのシソーラス』があり，日本語では他に『**角川類語新辞典**』(大野・浜西 1981) がある．

　シソーラス作成において重要な点は，誰もがわかる意味分類の基準を作ることである．そうでないと，利用者は探したい意味の語がどこに配置されているかわからず，検索することができない．その欠点を補う方法は，索引である．索引が充実していれば，探したい語と似た語を索引によって捜し，その辺りを探せばみつかるはずだ．したがって，シソーラスにとって重要なことは，客観的な分類基準を作ることと索引の充実である．

　シソーラスは，文章作成だけでなく言語研究にも用いることができる．

　これまでの語の意味の研究は，ややもすると個々の具体的な意味についてなされてきた．類義語や対義語の研究，料理用語など，特定の場面に用いる語彙の研究がそれである．ある程度以上の数の一般語を意味分類するためには，語からどんな文脈ででも共通に持つ意味を抽出し，それを分類するという方法によらなければならない．個々の文脈は千差万別であり，できるだけ単純化するべきだからである．その結果できた意味分類は，いわば意味の地図だといえ

る．

　意味の地図ができれば，地図のどの部分に語が多くあるか，あるいは少ないかを知ることができる．これは，語彙研究そのものであり，新たな大きな成果がもたらされる．このような研究は，語彙や意味研究だけでなく，語彙教育や専門語研究，社会学，言語情報処理など言語学を取り巻く学際的研究にとっても重要である．さらには，1言語内の研究だけでなく，異なる言語の対照研究にも必要な方法である．

　ところで，『分類語彙表』を用いた研究は，後に示すように数多くある．分類基準が多くの人に納得されるものだからだろう．以下では，『分類語彙表』について少し詳しく紹介する．

　『分類語彙表』は，語をまず品詞で体の類（名詞の仲間），用の類（動詞の仲間），相の類（形容詞の仲間），その他の類の4分類に分け，それぞれの品詞の

表 4.5　分類語彙表の一例（国立国語研究所 1994 より）

1.1635 朝晩
1　朝晩　朝夕　昼夜 ＊午前 ＊午後・後（ご） ＊正午
2　＊暁　払暁　早暁　未明　明け　明け方　夜明け前
　　＊夜明け　有明　あけぼの　しののめ　黎明　早朝
　　朝まだき　朝っぱら　昼まえ ＊朝
3　＊昼間（ひるま）　昼間（ちゅうかん）　真昼間
　　昼中　日中（にっちゅう・ひなか） ＊白昼
　　日盛り ＊昼　真昼　昼時　昼から　昼過ぎ
　　昼下がり
4　＊暮れ　暮れ方　日暮れ　日の暮れ　日暮れ方
　　＊夕暮れ　夕景　日の入り　夕 ＊夕方　夕刻 ＊夕べ
　　夕まぐれ　たそがれ　薄暮　晩方 ＊晩　暮夜
5　よい　よいの口　春宵 ＊夜（よ・よる・や）　夜分
　　＊夜間 ＊夜中（やちゅう・よなか）　真夜中　夜半
　　よわ　夜ふけ　さ夜ふけ ＊深夜　月夜　星月夜
　　おぼろ月夜　やみ夜　暗夜　初更　三更　丑満時
　　初夜　中夜　後夜
6　終日　夜通し　終夜　ひねもす　よもすがら
　　夜っぴて　徹宵　宵越し
7　ラッシュアワー

（＊印の語は，『現代雑誌九十種の用語用字』の語彙表にある語）

中を意味で 5 分類している．意味の分類はさらに 4 段階に細分している．それぞれの分類は数字で表される．

表 4.5 に「朝晩」の項目を例に示す．項目名の頭についている数字は，分類番号である．最初の桁の 1 は「体の類」(名詞の仲間) を表し，小数点 1 桁目の 1 は「抽象的関係」を表す語のグループ，次の 6 は時間や時間的な位置などを表すグループ，次の 3 は年，月，日の中での時を示すグループであり，次の 5 は一日の中の時を表すグループで「朝晩」という項目名が与えられている．例を見るとわかるように，段落 (ここでは数字で示されている) もそれぞれある意味のグループを成している．

現在の収録語数は約 3 万 2000 語である．品詞分類と意味の大分類の語数は，次のとおりである (国立国語研究所 1994 による)．

|  | 体 | 用 | 相 | その他 | 合計 |
|---|---|---|---|---|---|
| 抽象的関係 | 6641 | 2139 | 2192 | 99 | 11071 |
| 人間活動の主体 | 3183 |  |  |  | 3183 |
| 人間活動　精神および行為 | 9804 | 2188 | 1774 | 263 | 14029 |
| 生産物および用具 | 3217 |  |  |  | 3217 |
| 自然および自然現象 | 3642 | 474 | 647 |  | 4763 |
| 計 | 26487 | 4801 | 4613 | 362 | 36263 |

『分類語彙表』の語数が少ないので増補作業中で，現在候補語は約 8 万 7000 語となっている．

『分類語彙表』によれば，このような辞典には次の役割が考えられるとしている．

（1）　表現辞典，詞藻辞典としての役割
（2）　方言の分布や命名の変遷を知る手がかりとしての役割
（3）　個人，社会の言語体系，言語作品の表現上の特色を見る物差しとしての役割
（4）　基本語彙設定のための基礎データとしての役割
　　なお，辞書編集，また翻訳や情報処理の機械化にも役立つ．

宮島達夫 (1994) によれば，『分類語彙表』を用いた言語研究の論文は 136 件あり，次のように各分野にまたがっている．

| 分類 | 論文数 | 分類 | 論文数 |
|---|---|---|---|
| 1. 語彙体系 | 21 | 6. 教育・発達 | 11 |
| 2. 作品の用語調査 | 41 | 7. 言語情報処理 | 7 |
| 3. 文法 | 22 | 8. 類語群 | 14 |
| 4. 方言 | 3 | 9. 意味分類 | 12 |
| 5. 日本語史 | 5 | 計 | 136 |

すなわち,『分類語彙表』に示された四つの役割を十分に果たしていることがわかる.また,『分類語彙表』にかぎらず,シソーラスは各言語の各分野の研究に寄与する.筆者らが企画したシソーラスに関する国際シンポジウムでは,3日間で33件の発表と討論があった(国立国語研究所 1997b, 1997c).その内容は次のとおりである.

| 内容 | 件数 | 内容 | 件数 |
|---|---|---|---|
| 言語研究とシソーラス | 6 | 図書館学 | 1 |
| 辞書学 | 4 | 専門語,語構成 | 3 |
| 意味 | 3 | 自然言語処理 | 5 |
| 語彙の対照研究 | 3 | シソーラス | 5 |
| 第二言語教育 | 3 | 計 | 33 |

以上のように,シソーラスをめぐる研究が,さらに学際的多言語間の新しい研究分野として存在することがわかる.

さて,語彙調査においては,使用される語彙の意味分野を知るために語彙表に『分類語彙表』の番号がつけられる.『総合雑誌の用語(前編)』『現代雑誌九十種の用語用字』『高校教科書の語彙調査』『中学校教科書の語彙調査』(国立国語研究所 1957, 1962, 1983, 1986a)の語彙表には『分類語彙表』の番号が付けられている.

これまでの語彙表では,見出し語に一つの分類番号が付けられた.しかし,増補中の分類語彙表では多義語を認めている.したがって本当の意味分野の語彙の計量(semantic count)とするためには,文脈中の語それぞれに分類番号を付けなければならない.

『分類語彙表』の分類番号を用いた語彙の対照研究の例を 4.5 節 (b) の (2) に示した.

## 4.4　日本語の語彙調査例

　以下では，主に日本語の語彙の計量的特徴について，各種調査研究の結果を引用して解説する．方法などの詳細は文献を参照されたい．

　一般に語彙調査の結果，語彙表と語彙量の分布を示し，調査対象の計量的な分析を行う．特に，多くの語彙調査が，語種・品詞・意味分布を求める．語種が日本語の語彙の歴史や文章の文体に，また品詞が文の構造や表現の態度に，意味分布が調査対象の内容の意味分野に関連があるからである．

　以下では，雑誌，新聞，教科書，日常談話，テレビ放送，流行歌の語彙の調査結果の一部を紹介し，位相により語彙量の分布が異なることを示す．

### （a）　雑誌九十種の語彙調査

　この調査は，日本の最も代表的な語彙調査である．調査結果はもちろん，その調査方法も日本の語彙調査の水準を示したものである(国立国語研究所 1962, 1963, 1964, 1987b, 1997d)．

（1）　調査対象

　1956年の，週刊・旬刊・月刊・季刊などの雑誌で，比較的発行部数の多い90誌の本文が対象である．雑誌を5種類に分け，それぞれ次の90誌を調べた．

　　評論・芸文　12誌　　庶民　14誌　　実用・通俗科学　15誌
　　生活・婦人　14誌　　娯楽・趣味　35誌

　調査単位には，$\beta$ 単位を用いた．$\beta$ 単位は，前述のとおり，比較的短い単位である(4.3節(e)参照)．調査対象全体の延べ語数は約1億4000万 $\beta$，助詞・助動詞を除くと約8400万 $\beta$ と推定される．

（2）　調査方式

　雑誌1ページ分の1/8の面積に相当する本文をランダムにまとめて抽出単位を操作的に構成し，層化集落抽出法[†]によって標本を抜いた．使用率は比推定[†]した．

（3）　調査結果

　報告書第一分冊の語彙表，第二分冊の漢字表は，それ自体が大きな調査結果である．しかし，第三分冊の分析編に報告されている「語の基本度」(水谷静

夫),「語彙の量的な構造」(水谷静夫・石綿敏雄・宮島達夫),「助詞・助動詞の用法」(宮島達夫),「複合語」(見坊豪紀),「同じ語か異なる語かの判別」(石綿敏雄)や,後に発表された宮島達夫らの和語・漢語・外来語の表記に関する研究,この調査の用例カードも利用した動詞,形容詞の意味用法の研究など,多くの研究成果も調査結果といえるだろう.

用例カードはマイクロフィッシュで,全語彙の表記台帳はフロッピーにより公開されている(国立国語研究所 1987b, 1997d).

分析編の報告のうち,語種別と品詞別の分布を表4.6に示す.人名・地名は除いた値である.

語種別†に見ると,異なり語数で漢語が最も多く,次に和語が多い.外来語は約10%を占め,混種語はもっとも少ない.延べ語数では,和語と漢語の割合が逆転し,和語が50%を越える.これは,和語に高頻度のものが多いことによると思われる.外来語・混種語はさらに少なくなっている.

品詞別に見ると,異なり・延べのどちらでも体の類が多い.用の類の割合は異なりで11.4%だが,延べでは倍以上になっている.高頻度語が多いことを示している.

この値は,後の多くの語彙の分析において比較の対象となる重要なデータである.

表4.6 『現代雑誌九十種の用語用字』の語種・品詞の分布
(国立国語研究所 1962)

| 語種 | 異なり語数 語数 | 異なり語数 % | 延べ語数 語数 | 延べ語数 % | 品詞 | 異なり語数 語数 | 異なり語数 % | 延べ語数 語数 | 延べ語数 % |
|---|---|---|---|---|---|---|---|---|---|
| 和語 | 11134 | 36.7 | 221875 | 53.9 | 体の類 | 23783 | 78.4 | 254494 | 61.8 |
| 漢語 | 14407 | 47.5 | 170033 | 41.3 | 用の類 | 3460 | 11.4 | 97328 | 23.6 |
| 外来語 | 2964 | 9.8 | 12034 | 2.9 | 相の類 | 2861 | 9.4 | 52545 | 12.8 |
| 混種語 | 1826 | 6.0 | 8030 | 1.9 | その他 | 227 | 0.7 | 7605 | 1.8 |
| 計 | 30331 | 100.0 | 411972 | 100.0 | 計 | 30331 | 100.0 | 411972 | 100.0 |

(b) 新聞の語彙調査

(1) 目的

この調査は,現代の新聞をとりあげてそこに含まれる用語用字の実態を明ら

かにし,語彙の構造や表記法の問題を究明することを目的とした(国立国語研究所 1970, 1971, 1972, 1973).

この調査のこれまでにない特徴は,100万の単位の大規模な調査であること,そのためにコンピュータを用いたこと,調査結果も処理方法も言語情報処理の研究に貢献したこと,度数の高いグループの用語用字だけでなく,その次に位置するグループについても実態を知ることができたことなどである.

(2) 調査対象

朝日新聞,毎日新聞,読売新聞の,1966年1年分について,日曜特別版を除く朝夕刊全紙面をその対象とする.

長単位と短単位の二つの調査単位を採用した.ここでの長単位はほぼ $\alpha$ 単位,短単位は $\beta$ 単位である(4.3節(e)参照).

母集団は,長単位約1億2000万,短単位約1億8000万で,標本語数は,全体の1/3については次のとおりである.

|       | 長単位 全体 | 長単位 部分 | 短単位 全体 | 短単位 部分 |
|-------|---------|---------|---------|---------|
| 延 べ  | 679342  | 556264  | 940533  | 431186  |
| 異なり | 101081  | 100458  | 47805   | 29822   |

長単位の部分とは,記号を除いた語数であり,短単位の部分とは,記号,算用数字,助詞,助動詞,固有名詞を除いた部分である.また,異なりとは,長単位は表記が異なるものを別見出しとし,短単位では活用形は終止形を代表としたが,表記が異なるものは別見出しとした.その意味で,完全な同語異語の判別がなされたとは言えない.

長単位については全体の語数が出ている.

|       | 長単位 全体 | 長単位 部分 |
|-------|---------|---------|
| 延 べ  | 1967575 | 1412948 |
| 異なり | 213368  | 192492  |

(3) 調査結果

この調査の特徴の一つは,長短2単位の調査単位を採用したことである.そのため,語の構成に関する調査が可能になった.すなわち,

　語構成要素の調査結果を出して見ましょう

は

　語｜構成｜要素/の/調査｜結果/を/出し/て/見｜ましょ｜う/

と分ける．ここで｜は短単位の切れ目を，/は長単位の切れ目を表す．このデータにより，「語」「構成」「要素」のそれぞれの短単位が「語構成要素」の構成要素となっていることがわかる．

　全体の 1/3 について，語種別・品詞別に語構成要素になる割合は次のとおりである（数値は延べ語数，%1 は語種内での割合，%2 は各語種が語構成要素になる割合）．

|  | 要素 | %1 | 全体 | %2 |
|---|---|---|---|---|
| 和　語 | 32931 | 16.4 | 97425 | 33.8 |
| 漢　語 | 154771 | 77.0 | 239237 | 64.7 |
| 外来語 | 10994 | 5.5 | 22045 | 49.9 |
| 混種語 | 2363 | 1.2 | 7817 | 30.2 |
| 合計 | 201059 | 100.1 | 366524 |  |

　漢語はその 64.7% が，外来語は約半数の 49.9% が語構成要素になっている．和語や混種語は，それらに比べ単独で使われることが多い．また，語構成要素となる語のうち，漢語が 77% をしめており，漢語の造語力の強さがわかる．

　この中には接辞のように単独では使われない語が入っている．しかし，いわゆる名詞とされるものの中で単独では使われない次のような語もある．

　　中小　具体　本格　合理　共和　公共　高等　全面　主流　自主

　この中で「公共の場では」などと単独での用法が考えられるものもあるが，たまたまこの調査で得られた 43 サンプルにはこの用法が現れなかったのだろう．いずれにしても，これらの語は単独では使われにくい語である．

　新聞の語彙調査のもう一つの特徴は，異なる調査単位を用いたことである．全体の 1/3 の調査における累積使用率分布は図 4.7 のとおりである．この図から明らかなように，短単位では全体約 3 万語のうちの上位 3000 語で全体の 83.5% をカバーするのに対し，長単位では全体 10 万語のうちの 69% にしかすぎない．もしこの語彙表を日本語教育やワープロの辞書などのように実用として用いるのであれば，短い単位の語を優先的に扱う方が効率的だと考えられる．しかし，長単位の使用率順語彙表の上位 300 語の中には「東京都」「経験者」「株式会社」「中央区」「履歴書」「千代田区」「交通費」「事務員」が現れる．こ

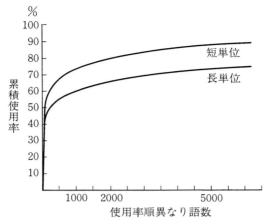

図 4.7　新聞における累積使用率の分布
（記号，助詞・助動詞・固有名詞を含む）（国立国語研究所 1970 より）

のような長単位の高頻度語は，新聞語彙の基幹語彙と考えられ，実用場面でも考慮に入れなければならないだろう．

### （c）　高校教科書の語彙調査

(1)　目　的

国民が一般教養として，各分野の専門知識を身につけるときに必要と思われる語彙の実態を明らかにすることを目的とした（国立国語研究所 1983, 1984, 1989）．この調査は，単に出現した語彙の一覧表を作るのではなく，専門知識体系を記述する語彙・表記・表現の実態を把握・分析することを目標としている．特に，知識体系の記述を分析するために，この調査では，従来のようなサンプリング法によらず，対象とする文章を限定したのち，その全文を入力するという方法を取った．

(2)　調査対象

1974 年に使用されていた高等学校教科書のうち，社会科 5 教科（倫理社会，政治経済，日本史，世界史，地理 B），理科 4 教科（物理，化学，生物，地学）の 9 冊，本文部分のすべてを対象とした．

調査単位は，語の構成にあずかる要素に基づく単位の M 単位，文の構成に

表 4.7 高校教科書の語彙調査

|  | M 単位 延べ | M 単位 異なり | 延/異 | W 単位 延べ | W 単位 異なり | 延/異 |
|---|---|---|---|---|---|---|
| **全体** | | | | | | |
| 自立語 | 321058 | 15519 | | 233855 | 40751 | |
| 助辞 | 186589 | 88 | | 15173 | 67 | |
| **教科書別自立語** | | | | | | |
| 物理 | 29724 | 1804 | 16.5 | 23707 | 4058 | 5.8 |
| 化学 | 26471 | 1742 | 15.2 | 19551 | 3635 | 5.4 |
| 生物 | 30331 | 2573 | 11.8 | 22374 | 4519 | 5.0 |
| 地学 | 23288 | 2777 | 8.4 | 17044 | 4792 | 3.6 |
| 倫社 | 37875 | 3770 | 10.0 | 28742 | 6701 | 4.3 |
| 政経 | 44264 | 3790 | 11.7 | 32086 | 7916 | 4.1 |
| 日史 | 49977 | 7091 | 7.0 | 36828 | 11929 | 3.1 |
| 世史 | 45130 | 5057 | 8.9 | 30051 | 10101 | 3.0 |
| 地理 | 33998 | 4035 | 8.4 | 23472 | 7007 | 3.3 |

あずかる単位のW単位を用いた(4.3節(e)参照). 表4.7にその語数を示す.

理科の教科書，特に化学や物理のM単位異なり語数が少ない．また，1語当たりの平均頻度(延/異)は他の教科より多い．これは，他の教科書が個々の物事を扱うのに対して，この教科が物と物との関係や現象を扱うからだと思われる．

ところで，九つの教科書で共通に出現する語彙は，M単位延べ語数で321058，全体に対する割合は41.5%，W単位延べ語数で233855，29.8%であった．すなわち，M単位は共通語彙が多く，W単位は共通語彙が少ない，言い換えれば特徴語彙が多く得られる単位であることがわかる．

(3) 教科書の共通語彙と特徴語彙

高校教科書M単位度数順語彙表から上位50語を抜き出すと以下のようになる．

する　ある　れる　いる　なる　こと　この　的　様　その
よる　いう　もの　年　られる　これ　それ　又　社会　できる
ため　日本　運動　ない　化　見る　主義　国　とる　場
第　時　世界　者　つくる　あい　経済　しかし　持つ　行なう

来る　対する　生活　さ　人間　人　中　考える　中心　示す
これらの中には，どの語彙調査でも高頻度として現れる形式名詞や基本動詞，指示詞とともに，「主義」「経済」「運動」などいかにも社会科や理科の教科書にでてきそうな語，「的」「化」など専門語の造語にかかわりそうなもの，「対する」「考える」「示す」などの専門的な知識を表現するのに必須だと思われる語が見られる．

　これらの語彙は，理科・社会科，各教科書の使用率の比較や他の語彙調査との比較によって抽出することができる．

　次に，高校教科書の共通語彙を，全教科に出現した語（全体），理科4教科のすべてに出現し社会科には出現しなかった語（理科），社会科5教科すべてに出現し理科には出現しなかった語（社会）を語種別に示すと次の表になる（数値はM単位の異なり語数，%1は全体異なり語数に対する割合，%2は全体延べ語数に対する割合）．

| 語種 | 和語 | 漢語 | 外来語 | 混種語 | 人名 | 地名 | 合計 | %1 | %2 |
|---|---|---|---|---|---|---|---|---|---|
| 全体 | 201 | 133 | 3 | 7 | 0 | 0 | 344 | 2.2 | 41.5 |
| 理科 | 7 | 28 | 13 | 0 | 0 | 0 | 48 | 0.3 | 1.3 |
| 社会 | 20 | 169 | 4 | 4 | 2 | 20 | 219 | 1.4 | 6.6 |

　全教科書に出現した344語は，全異なり語数15519の2.2%にすぎないが，その延べ語数は133246にもなり，全延べ語数の41.5%を占める．ここには，前に見た日本語の基本語彙のほか，教科書基本語彙ともいえる語彙も含まれるに違いない．

　理科，社会科だけに使われた語を下に示す．

［理科共通語］

　和語：止まる　太い　皿　指　ずれる　こわれる　はずれる

　漢語：溶液　水素　温度　気体　酸　子　元素　炭素　体積　成分　膜　塩素　液　電流　参照　水面　顕微　曲線　回転　直径　極　放出　値　両極　中性　放電　紫外　秒

　外来語：イオン　ナトリウム　グラフ　ページ（m，Naなどを除く）

［社会科共通語］

　和語：神　生む　主　めぐる　厳しい　握る　招く　迎える　争い　おさめる　めざましい　戦い　重んずる　払う　買う　迫る　売る　船

4.4 日本語の語彙調査例　187

　　　持ち　絶える
漢語：主義　国　経済　政治　労働　国家　国民　都市　思想　戦争　政
　　　府　資本　諸国　権　企業　制度　革命　教　政策　民主　植民　帝
　　　国　農業　人口　連(ソ〜)　農民　勢力　共和　平和　大戦　保障
　　　国内　制　合衆　改革　仏教　実現　地位　精神　権力　各国　貴族
　　　会　宗教　外国　輸入　特色　業　主張　宣言　徒　大衆　伝統　援
　　　助　封建　戦後　人民　制定　行政　商業　商品　住民　軍事　経営
　　　（以下略）
外来語：マス　カトリック　コミュニケ　ルネサンス
混種語：信ずる　反する　転ずる　脱する
人名：キリスト　ケネディ
地名：イギリス　ソ(〜連)　インド　ロシア　ローマ　イタリア　日　米
　　　エジプト　ベトナム　西欧　パリ　満州　東洋　欧　中華　中　イス
　　　ラエル　ベルリン　ジュネーブ

　ある教科書だけに現れた語は，その科目の特徴語彙と言える．以下に 4 教科書の特徴語彙を示す．これを見ると，物理や化学には日常の生活では使わない語彙が多いのに対し，政経や地理には見慣れた語彙が見られる．社会科学の特徴だと思われる．

［特徴語彙］
　　物理：v　ばね　ベクトル　コンデンサー　導体　波面　極板　容量　等
　　　　　速　振幅　座標　慣性　音源　合力　等速度　$\Delta$　ストロボ　分力
　　　　　力線　検電　台車　定常　力積　初速度　聞こえる　$\lambda$　ディメンシ
　　　　　ョン　音さ　静電　各点
　　化学：コロイド　溶質　希　殻　沸点　ビュレット　濃　ヨウ素　ハロゲ
　　　　　ン　コック(栓)　フェノール　フタレイン　炎　亜族　融点　土類
　　　　　最外　常温　股　滴定　融解　ボイル　リトマス　ベンゼン　沸騰　薬
　　政経：保険　けれども　代議　欧州　公務　法規　家計　法案　運用　相
　　　　　公開　指名　域内
　　地理：鉱産　ステップ　モンスーン　北東　サバナ　南西　ブラジル　雨
　　　　　林　デルタ　冷帯　アンデス　ツンドラ　放牧　オセアニア　タイガ
　　　　　農牧業　パルプ　アマゾン　飼育　果樹　メガロポリス　レクリエー

ション　　　　　　　　　　　　　　　　　（植物を表す語は除く）

## (d)　話しことばの語彙調査

『談話語の実態』(国立国語研究所 1955)では録音資料 83620 語の品詞別の使用率を報告している．調査対象は，東京における日常談話の録音資料である．調査単位は文節単位で，「ている」が「てる」になったような融合形はもとに戻さない．

　この結果を，新聞文章の調査結果やニュース，ニュース解説のことばの調査の結果と対比して，体言が少ない，体言と動詞との比較において，動詞が多い，動詞と形容詞との比較において，形容詞が多い，副詞が多い，感動詞が多い，融合形が多い，コソアド語が多い，などのことが明らかにされた．

| 体　言 | 20.5% | 連体詞 | 0.8% |
|---|---|---|---|
| 名　詞 | 16.2 | 接続詞 | 1.9 |
| 代名詞 | 2.6 | 感動詞 | 4.7 |
| 数　詞 | 1.7 | 助　詞 | 34.7 |
| 動　詞 | 12.2 | 助動詞 | 12.9 |
| 形容詞 | 2.7 | 融合形 | 2.3 |
| 形容動詞 | 1.2 | 総語数 | 83620 |
| 副　詞 | 6.1 | このうちコソアド語 | 4.6% |

## (e)　テレビ放送の語彙調査

(1)　目　的

　この調査は，テレビ放送を対象とするある程度の規模をもつ語彙調査としては初めてのものである(国立国語研究所 1995, 1997a)．そこで次の 3 点を目的とした．
- 現代のテレビ放送において，どのような語が，どのような場合に，どのくらい使われるのか，その実態を調べる．
- テレビ放送の語彙をとおして，現代日本語の語彙のありさまを追究する．
- テレビ放送がその音声と画面とをとおして伝える語を，どのように調査するか，その方法論を確立するための基礎を築く．

(2)　調査対象

## 4.4 日本語の語彙調査例

　1989年4月2日(日)から7月1日(土)までの3か月間に全国放送網のキー局である6放送局7チャンネルの，0時から24時までの1日に放送されたすべてのテレビ放送で，視聴可能であった日本語の音声および文字によって表された語彙を対象とする．

　母集団の延べ放送時間　2184時間
　　　延べ語数　音声　約5700万語
　　　　　　　　画面　約1500万語
　抽出比 1/504　標本の長さ5分　標本数354　有効標本数332
　調査単位　長い単位(4.3節(e)参照)
　集計の方法　音声　1回発話されるごとに頻度1を加える．
　　　　　　　画面　新たに継続して表示される画面ごとに1を加える．
　標本の語数

|  | 延べ語数 本編 | CM | 異なり語数 本編 | CM |
|---|---|---|---|---|
| 音声 | 103081 | 9235 | 17647 | 3455 |
| 画面 | 20246 | 9413 | 7970 | 3591 |
| 全体 | 141975 | | 26033 | |

　語の密度　1分あたりの語数．標本中央値を示す．

|  | 延べ語数 本編 | CM | 異なり語数 本編 | CM |
|---|---|---|---|---|
| 音声 | 73.5 | 44.6 | 41.2 | 36.3 |
| 画面 | 8.2 | 42.0 | 6.4 | 31.2 |

　作成者や作成意図，使用語彙が明らかに異なるため，データを本編とコマーシャルに分けている．

　(3)　上位100語
　本編音声の度数順語彙表から上位100語を品詞別に示す．
　［体の類］
　　事　これ　それ　何　今　もの　ところ　きょう　わたし　ここ　人　時　方　お前　中　ため　後　僕　方(かた)　あなた　俺　みな　気　日本　こちら　話　皆さん　感じ　そこ　ひとつ　あれ　自分　ご覧　前　一番　家(うち)

［用の類］

する　なる　言う　ある　思う　やる　行く　みる　出る　分かる　いる　入る　できる　来る　持つ　とる　つくる　聞く　違う　考える　使う　つく　知る　送る　入れる

［相の類］

あの　そう　この　よい　その　もう　ちょっと　こう　ない　本当　そういう　どう　こういう　また　すごい　そんな　まだ　おおきい　こんな　まず

［その他の類］

ええ　はい　うん　ああ　まあ　は　やはり　で　ね　おお　そして　いや　では　だから　でも　さあ　どうも　なるほど　しかし　ありがとう　どうぞ

どの語彙調査でもみられる形式名詞，指示詞，基本動詞がある．テレビの特徴だと思われる語は，会話に用いられる応答詞や間投詞，接続詞の「で」「では」「でも」，副詞の「本当」「すごい」「まず」，自分や相手を話題にするための「わたし」「お前」「僕」「あなた」「俺」，ニュースに現れる「きょう」「日本」である．

現在，調査の方法，標本の分析，語彙表について 2 冊の報告書が出され，3 冊目が分析編として刊行される予定である．

## （f）流行歌の語彙調査

（1）調査対象

昭和時代をほぼ 10 年間隔で分け，50 年代までの日本の流行歌を 342 曲，延べ 37097 語を調査した．調査単位は $\beta$ 単位である．

（2）共通語彙と特徴語彙

図 4.8 は，昭和 10, 20, 30, 40, 50 年代（それぞれ 1 期，2 期，3 期，4 期，5 期とする）の歌の語彙調査の上位 100 語がどの期に共通に現れるかを示したものである．これにより各期上位語の共通語彙と特徴語彙がわかる．円の一番外側はそれぞれの期だけに現れた語，円の中心の 5 角形で囲まれた語は，5 期間に共通する語彙，その外側は 4 期間に共通する，その外側は 3 期間に共通する，その外側は 2 期間に共通する語彙である．この図に入らなかった語は 22

## 4.4 日本語の語彙調査例

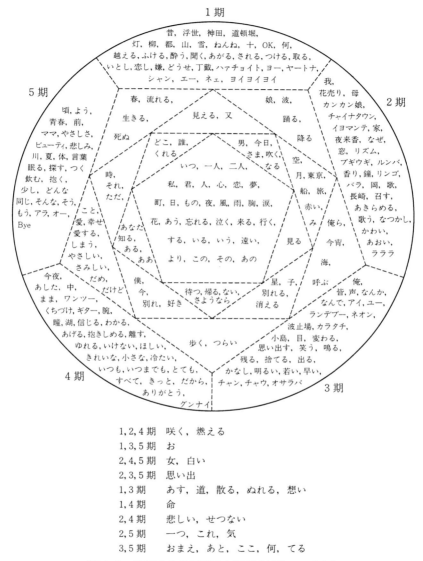

1,2,4期　咲く，燃える
1,3,5期　お
2,4,5期　女，白い
2,3,5期　思い出
1,3期　　あす，道，散る，ぬれる，想い
1,4期　　命
2,4期　　悲しい，せつない
2,5期　　一つ，これ，気
3,5期　　おまえ，あと，ここ，何，てる

図 4.8　流行歌の共通語彙と特徴（中野 1982 より）

語しかなく，流行歌の上位語彙が時代により順に変化していることがわかる．また，5期に共通する語が31語もあることは，流行歌の主題があまり変化しないことがわかる．すなわち，共通語彙で説明すれば「私」と「君」の「恋」や「夢」，「心」を歌い，その心情は「涙」「泣く」であり，時と場面は「風」が吹き「雨」が降る「夜」だと思われる．

使用語彙を意味分類すれば，それぞれの時代の変化がわかる．

(3) 時代による語彙の変化：愛や恋を表す語彙

中国の1987年と1995年の流行歌125曲，18572語と日本の1987年の流行歌105曲，12599語の調査結果を加えて考察する．中国の流行歌の調査単位は，β単位にあわせて作った新しい単位である．これは北京語言学院の語彙調査(1986)の単位とほぼ同じである．

どの国の流行歌にも愛を表す語が多く用いられる．日本語とくらべると，中国語は語彙が豊富であることがわかる．もちろん，日本に中国のような感情がないのではない．日本語では1語で表すのでなく，名詞や動詞が副詞や形容詞とともに用いられて表されるのである．中国語と日本語の語彙構造の違いと言える．以下は，両国の流行歌に現れた「愛，愛する」を表す語である．

日本語： 愛 恋 愛する 恋する 恋しい 惚れる 好き

中国語： 愛 熱愛 愛情 心愛 深情 相愛 依恋 思郷 喜歡 多情 恩恩愛愛 愛恋 可愛 心疼 海誓山盟 相恋 熱情 疼 一見鐘情 山盟海誓 心愛 相思 痴心 痴痴恋恋 痴恋 快楽 想念 痴情 熱愛 留恋 恋 恋愛 疼護

これらの語彙の使用率は，表4.8に示すとおり，時代により顕著な変化が見られる．日本の流行歌では，敗戦後から高度成長時代にかけて増加している．特に4期の使用が目立っている．ところが，1977年以降は千分率で約16パーミルと落ち着いているようにみえる．用語では戦前の流行歌では「恋」「恋しい」の使用が多く，「愛」「愛する」の用法が年を追って増加している．人間愛を表す「愛」は1期の1例のみである．

中国の流行歌では，1987年から1995年にかけてほぼ倍増している．しかし，その内容は，1987年の流行歌では父母への愛，国や党への愛を表すものであり，男女の愛を表す用例はほとんど見られなかった．これに対し，1995年ではその多くが男女の愛を表すものであった．その増加は日本の経済発展期のそれ

表 4.8　流行歌における「愛」「愛する」などの語の使用率

| 年　代 | 使用率<br>(パーミル) | 世相・経済状況 |
|---|---|---|
| 日　本 | | |
| 1931-36 | 17.58 | 不景気な時代，満州事変や上海事変などが起こる |
| 1946-50 | 9.59 | 敗戦直後の混乱期 |
| 1956-60 | 12.33 | 経済白書に「もはや戦後ではない」 |
| 1966-67 | 40.40 | 高度成長時代 |
| 1977 | 15.52 | 石油ショック(1973)の後 |
| 1987 | 15.63 | バブル景気 |
| 中　国 | | |
| 1987 | 10.78 | 天安門事件の前 |
| 1995 | 19.6 | 改革開放 |

を思わせる．

(4)　時代による語彙の変化：感情を表す語

流行歌では，喜びを歌うより，苦しさや寂しさを歌うことが多い．男女の仲についても，愛の謳歌より愛の苦しさを歌う．歌を歌うとき，感情移入しやすいためであろうか．

表 4.9 に，「泣く・涙など(哭泣・泪など)」「悲しい・寂しいなど(悲傷・哀愁など)」「楽しい・嬉しいなど(快楽・喜悦など)」の語彙の出現率(パーミル)

表 4.9　流行歌における語彙の使用率
(パーミル)

| 年　代 | 泣・涙 | 悲・寂 | 楽・嬉 | 合計 |
|---|---|---|---|---|
| 中　国 | | | | |
| 1987 | 1.7 | 1.7 | 1.3 | 4.7 |
| 1995 | 7.4 | 5.8 | 2.3 | 15.5 |
| 日　本 | | | | |
| 1931-36 | 25.1 | 7.1 | 4.8 | 37.0 |
| 1946-50 | 16.3 | 8.5 | 1.8 | 26.6 |
| 1956-60 | 23.4 | 11.7 | 0.3 | 35.4 |
| 1966-67 | 17.9 | 13.2 | 1.1 | 32.2 |
| 1977 | 9.2 | 5.4 | 1.1 | 15.7 |
| 1987 | 8.1 | 4.2 | 0.0 | 12.3 |

を示す．表のとおり，中国の流行歌では，感情を表す語彙は1987年から1995年に3倍強と増加している．特に「泣・涙」「悲・寂」の増加がはげしい．日本の流行歌では減少しており，異なることがわかる．しかし「泣く・涙」などの語が多いことは，その時代が苦しくつらい時代であることを示しているのではない．むしろ逆で，悲しくつらいことを歌える余裕があると解釈すべきだろう．

## 4.5　語彙の対照研究

童話『星の王子さま』の日本語，英語，ドイツ語，フランス語，スペイン語，ポルトガル語の6か国語版と，中国の流行歌の語彙の対照研究(中野 1976, 1995b)を引用しながら，語彙の対照研究の問題点について述べる．

### (a)　『星の王子さま』6か国語版の語彙の対照

『星の王子さま』の英語，ドイツ語，日本語版は，次の書き出しで始まる．
　　英語　　　Once when I was six years old,
　　ドイツ語　Als ich sechs Jahre alt war,
　　日本語　　六つのとき，
ここで3か国語で意味の共通な語は，「六つ, six, sechs」「とき, when, als」だけである．少なくともこの2語は，この句において内容を示す重要な語である．
(1)　「was, war, の」はそれぞれの言語において主に文法的機能を持つ語である．この種の語彙・形態など，すなわち，助詞・助動詞・前置詞・語の性・数・格による変化，語順，接続詞や，日本語の「する」「いる」「ある」などの補助用言，形式名詞などの比較が研究の対象となる．
(2)　「I, year, old」は日本語には用いられていない．もちろん，「私が6歳だったとき」と訳せばそれぞれに対応がとれるが，これは自然な日本語ではない．つまり，逐語訳によって各言語の対応語彙を研究の目的とするか，それとも自然な言語表現における使用語彙の比較を目的とするかを考えなければならない．

計量的な性質を比較するためには，次の点を考慮に入れなければならない．
(1)　文字・記号を調査の対象とするか．大文字，小文字，漢字，仮名など

## 4.5 語彙の対照研究

異なり語数の割合(1章のみ)

| | 名詞 | 代名 | 動詞・助動詞 | 形・副・連・接(助動を除く) | |
|---|---|---|---|---|---|
| 日本語 | 50.6 | 2.3 | 25.6 | 21.5 | 172語 |
| 英語 | 39.7 | 6.5 | 26.1 | 27.7 | 184 |
| ドイツ語 | 29.4 | 7.3 | 33.3 | 29.9 | 177 |
| フランス語 | 36.7 | 4.1 | 29.0 | 30.2 | 169 |
| スペイン語 | 36.1 | 4.5 | 31.6 | 27.7 | 145 |
| ポルトガル語 | 39.5 | | 29.6 | 28.3 | 152 |

延べ語数の割合(1章のみ)

| | 名詞 | 代名 | 動詞・助動詞 | 形・副・連・接(助動を除く) | |
|---|---|---|---|---|---|
| 日本語 | 51.4 | 3.1 | 26.6 | 18.9 | 323 |
| 英語 | 29.2 | 20.9 | 25.1 | 24.8 | 387 |
| ドイツ語 | 24.6 | 20.6 | 27.7 | 27.1 | 325 |
| フランス語 | 29.5 | 20.7 | 23.2 | 26.6 | 353 |
| スペイン語 | 31.0 | 14.4 | 21.2 | 33.3 | 306 |
| ポルトガル語 | 33.8 | 7.0 | 23.9 | 35.3 | 272 |

図4.9 『星の王子さま』6か国語版の品詞分布(日本語の異なり,延べともに冠詞,前置詞,助詞,助動詞,総合形を除く)(中野1976)

の区別が品詞や語の出自と関係がある.また,記号(たとえば「?」)が助詞(たとえば「か」)の使用と関係がある.
(2) 助詞・助動詞・前置詞・冠詞をどう処理するか.これらは,語数に大きな影響を与える.
(3) 縮約形を元に戻すか.たとえば,「don't」「(知っ)てる」など.
(4) 複合語,分離動詞などをどう処理するか.
(5) 語形変化の処理
(6) 過去分詞の形容詞的用法をどうするか.日本語でも「疲れた(顔)」をそのままで形容詞とするか,元に戻して動詞とするかなどがある.
(7) 個々の語の見出し語の認定をどうするか.

このような問題をかかえてはいるが,図4.9の品詞の分布を見れば,各国語の特徴をはっきりと知ることができる.すなわち,日本語は,延べ・異なりとも名詞が50%を超える.代名詞の異なりに対する延べの比が,日本語ではほぼ変わらない(異なり2.3%,延べ3.1%)のに,他の言語では3~5倍になっている.ただ,スペイン語とポルトガル語の増加率が少ない.これは主語を省略

するためだと思われる．ドイツ語では，延べ，異なりとも動詞・助動詞が他より多いのが特徴的である．

### (b) 中国流行歌と日本語の逐語訳の比較

(1) 品詞別語彙量の比較

中国流行歌とその日本語への逐語訳の品詞別語彙量を表 4.10 に示した（中野 1995b）．

表 4.10 中国流行歌とその日本語訳の品詞別語彙表（中野 1995b）

|  | 中国語 異なり語数 | % | 日本語訳 異なり語数 | % | 中国語 延べ語数 | % | 日本語訳 延べ語数 | % |  |
|---|---|---|---|---|---|---|---|---|---|
| 名・代・数・量詞 | 728 | 49.0 | 789 | 55.3 | 2690 | 50.9 | 3172 | 58.4 | 体 |
| 動　　　　詞 | 446 | 30.0 | 389 | 27.3 | 1440 | 27.3 | 1332 | 24.5 | 用 |
| 形容・象声・副詞 | 298 | 20.1 | 230 | 16.1 | 990 | 18.7 | 815 | 15.0 | 相 |
| 嘆　　　　詞 | 13 | 0.9 | 19 | 1.3 | 164 | 3.1 | 115 | 2.1 | 他 |
| 計 | 1485 | 100.0 | 1427 | 100.0 | 5284 | 100.0 | 5434 | 100.0 |  |

中国語では延べ，異なりとも用の類，相の類が多く，日本語は体の類が多い．この分布を $\chi^2$ 検定[†] にかけると，異なり，延べともに危険率 1% で有意差を認める．

このことは用・相の類の語彙の豊富さを支持するデータであるが，これが言語本来の差によるものか，単位によるものかはわからない．たとえば，下記の例では，日本語では同じ語「会う」と訳されたものが中国語では別語「相会・来・見・相逢・在」であったり，中国語では 1 語の「暗弾・延伸」が，日本語では 2 語「ひそかに払いのける・長く続いている」に訳されたものがある．

| 中国語 | 用　例 | 日本語 | 用　例 |
|---|---|---|---|
| 相会 | 再過二十年我們来相会 | 会う | 二十年たったら我々はまた会いましょう |
| 来 | 再来看望親愛的媽媽 | 会う | また親愛なるママに会いに来る |
| 見 | 不見哥哥心憂愁 | 会う | 兄に会わぬと心が憂愁する |
| 相逢 | 我們再相逢 | 会う | 私たちは再び会おう |
| 在 | 我們相約在那小木橋 | 会う | 私たちはあの小さい木橋で会うことを約束する |
| 暗弾 | 不堪回首泪暗弾 |  | 回想に堪えず ひそかに 涙を 払いのける |
| 延伸 | 今天哪延伸的林帯 |  | いまや 長く 続いている 森林帯は |

## 4.5 語彙の対照研究

(2) 『分類語彙表』の分類番号による語彙の対照

異なる言語の対照には，意味分類を用いる方法がある．次の例は，日本語訳に付けた分類語彙表の分類番号を用いた分析である．

分類語彙表の意味分類小項目での語数順に項目を並べたのが表 4.11 である．これをみると，さらに中国流行歌の特徴が表れている．すなわち，異なりの「地形・山野」「植物名」「川・湖」「海・島」「枝・葉・花」「色」「長い・広い」が多いことは自然現象が題材になっていることを，異なりの「対人感情」と延べの「われ・なれ・かれ」「親・先祖」が多いことは，人称代名詞や親が話題になっていることを示している．

表 4.11　中国流行歌の日本語訳(中野 1995b)

| 異なり語数順 | | | 延べ語数順 | | |
|---|---|---|---|---|---|
| 分類番号 | 項目名 | 語数 | 分類番号 | 項目名 | 語数 |
| 1.5240 | 地形・山野 | 25 | 1.2000 | われ・なれ・かれ | 497 |
| 1.5520 | 植物名 | 20 | 2.3420 | 行為 | 174 |
| 1.5250 | 川・湖 | 17 | 3.1000 | こそあど | 107 |
| 1.3020 | 対人感情 | 15 | 2.1527 | 往復 | 103 |
| 1.1950 | 一二三 | 14 | 2.1200 | 存在 | 100 |
| 3.5020 | 色 | 14 | 1.1101 | 等級・系列 | 93 |
| 1.5260 | 海・島 | 14 | 1.1010 | 類・例 | 80 |
| 3.1000 | こそあど | 13 | 3.5020 | 色 | 79 |
| 3.1920 | 長い・広い | 13 | 1.2120 | 親・先祖 | 76 |
| 1.5530 | 枝・葉・花 | 13 | 1.1950 | 一二三 | 68 |

中国の流行歌には，山野，川などを表す語が日本の流行歌より多い(単位はパーミル)．

| 分類 | 中国 | 日本 |
|---|---|---|
| 山など | 16.7 | 3.45 |
| 川など | 11.7 | 2.33 |
| 海など | 9.7 | 6.16 |

これらの語を集めるのに日本語訳に付けた分類番号を利用した．以下にその語例を示す．

　分類　　語例
[海・島]　海　海峡　海上　海水　海風　海面　海洋　海疆　岸　重洋　大

海　島　東海　南海　湾　戈壁灘　鼓波嶼
[川・湖]　黄河　河流　渓流　湖　湖水　湖面　江水　小河　清流　西湖　泉水　太湖　大江　長江　灘　澎湖
[地形・山野]　黄山　河山　海角　高山　沙漠　山　山河　山崖　山間　山脚　山腰　山水　山川　山崗　青山　雪山　草原　草地　大地　土地　峰　野花　沃土　曠野　万水千山　漫天遍野

対照のてがかりとしてある言語の意味分類を用いることができる．他の言語の意味分類を利用してどう異なるかは興味深いテーマである．

## 第 4 章のまとめ

**4.1　ことばの数量化**
　　(1) 数量化とは，質的な相違を量的な相違に変換することである．数量化によって統計処理が可能になる．
　　(2) 音・文字・語・文など，ことばを測る種々のものさしがある．
　　(3) ある言語現象を単位に切り，その単位に対して見出しが決まる．単位に対して異なり数が，見出しに対して延べ数が得られる．

**4.2　統計的操作の基礎知識**
　　(1) 全数調査の記述統計から標本調査の推測統計へ．
　　(2) 言語の計量的研究の歴史は，それほど古くない．
　　(3) 語彙量の分布について水谷の法則，語類分布について大野の法則，樺島の法則がある．

**4.3　語彙調査の方法**
　　(1) 良い調査の条件とは，妥当性・信頼性・客観性・再現性・適応性を満たすことである．
　　(2) 語彙調査には種々の目的がある．大調査では基本語彙を求めること，小調査では語彙の位相を明らかにすることである．
　　(3) 調査の対象によって調査方法が異なる．
　　(4) 調査は，手作業ではコピーを，コンピュータでは KWIC を利用するのがよい．
　　(5) 国語辞典の見出しは厳密な意味での計量調査の調査単位にならない．各種の語彙調査の調査単位を紹介した．
　　(6) 同語異語の判別の基準を説明した．

(7) シソーラスは，意味分布の分析のほか，いろいろな研究に用いることができる．

**4.4　日本語の語彙調査**
　　(1) 雑誌九十種の語彙調査とその語種・品詞別分布
　　(2) 新聞の語彙調査と語構成要素の語彙量
　　(3) 高校教科書の語彙調査とその共通語彙と特徴語彙
　　(4) 話しことばの語彙の品詞分布
　　(5) テレビ放送の語彙調査と上位100語
　　(6) 流行歌の共通語彙と特徴語彙，時代による語彙の変化

**4.5　語彙の対照研究**
　　(1) 『星の王子さま』の語彙の対照研究についての問題点と品詞分布の違いを示した．
　　(2) 中国流行歌と日本語の逐語訳を用いて，品詞別語彙量の差異と意味による語彙の対照の方法を示した．

# 用 語 解 説

本文中で十分説明できなかった用語について解説し，本文の該当箇所に†を付けた．

**$\chi^2$（カイ自乗）検定**　統計学での検定法の一つ．カイ自乗は，観測した度数（観測値）と理論的に期待される理論的度数（理論値）との差の自乗を理論値で割り，観測回数全体にわたって加えたものである．カイ自乗値が大きいということは，仮定した母集団からの標本と考えるにはかたよりがありすぎるということを示している．

**結合価文法**　結合価文法は，言語表現において，動詞（述語）がそれぞれ何種類のどんな意味の格要素（名詞）と結合するかに着目して，動詞と名詞の依存関係を整理し，文構造を説明するものである．この考え方は大変古くから存在するが，1959年に依存文法（dependency grammar）を提唱した L. Tesniere によって命名されたものといわれる．「結合価」は，化学における元素の結合価と同様の意味である．たとえば，動詞「走る」は，「誰が」，「どこから」，「どこまで」，「何秒で」などを表す名詞と依存関係を持ち，これらの名詞（格要素）と結合して文が完成する．これは，動詞「走る」は4種類の格要素と結合する性質のあることを意味している．動詞と格要素との結合関係を文型として記述したものが結合価パターンと呼ばれる．

その後，J. Fillmore の提唱した格文法（case grammar）も動詞と名詞の依存関係に着目した文法である点は共通であるが，格文法が，N. Chomsky の提案した深層構造の存在を仮定し，格要素をその一部として説明しようとしたのに対して，結合価文法は，深層構造の存在を仮定しない点で，思想的には大きな違いがある．

**語種**　語の出自による分類．普通，和語・漢語・外来語・混種語の4分類にする．和語は大和ことばともいう．もともと日本にある語．漢語は，江戸時代以前に中国語から日本語に入って来た語，および日本で漢字を用いて作られた語．漢字の音よみの語であることから字音語ともいう．外来語は，外国語から入った語．ただし，中国語からの語は，「ラーメン」などのように明治時代以後に入ったものだけをいう．カタカナ表記されることが多いが，「合羽」「倶楽部」などと漢字表記もある．混種語は，和語・漢語・外来語の複数の語が複合結合したもの．「重箱」は漢語「重」と和語「箱」，「プロ野球」は外来語と漢語，「サボる」は外来語と和語が結合してできた混種語．

**層化集落抽出法**　統計調査での標本抽出の方法の一つ．調査対象をある層にわけ，次にその層での標本の集り（集落）により抽出する方法．作業の効率化，あるいは統計的推論，分析のためにこの方法を取る．「現代雑誌九十種の用語用字」（国立国語研究所

1962) では雑誌を5層にわけ，8分の1ページに相当する本文をランダムにまとめ抽出単位を作成してこれを集落とし，抽出された集落に含まれる語のすべてを標本とした．

**比推定** 統計学での用語．二つの計量の標本総計値あるいは平均値の比を用いて母集団パラメータの推定を行う方法．「現代雑誌九十種の用語用字」(国立国語研究所 1962) では母集団でのある見出し語の使用率を推定するために，標本の使用度数の延べ語数を用いた．調査対象の延べ語数が正確にはわからないからである．

# 読書案内

**第 1 章**

[1] Pfiffner, P. & Fraser, B. (1994): *How Desktop Publishing Works.* Ziff-Davis Press. 小笠原治(監訳)，福崎俊博(訳)，『イラストで読む DTP 入門』 インプレス，1995．
前半の 3 節の内容の延長として DTP(デスクトップ・パブリッシング)について学びたい場合の入門書．

[2] 石畑清(1989)：『アルゴリズムとデータ構造』(岩波講座「ソフトウェア科学」第 3 巻)，岩波書店．
後半の 4 節のアルゴリズムの議論をより詳しく知りたい場合によい教科書．本章で省略した木構造を用いる探索手法についても丁寧な説明がある．

[3] 長尾真(編著)(1996)：『自然言語処理』(岩波講座「ソフトウェア科学」第 15 巻)，岩波書店．
本章で扱わなかった，言語の構造や意味を対象とする言語処理について詳しく解説された教科書．

[4] 前川守(1995)：『1000 万人のコンピュータ科学 3 文学編』岩波書店．
基本的なテキスト処理をさまざまな問題，たとえば文体研究などに適用する方法を解説した面白い本．

**第 2 章**

[1] 長尾真(編著)(1996)：『自然言語処理』(岩波講座「ソフトウェア科学」第 15 巻)，岩波書店．
自然言語処理の教科書の決定版．本章は，この本の 11 章を下敷にしている．

[2] Salton, G. (1989): *Automatic Text Processing: The Transformation, Analysis, and Retrieval of Information by Computer.* Addison-Wesley.
情報検索に関連したテキスト処理を網羅した教科書．本章の TF.IDF 法，ベクトル空間法，関連フィードバック法に関する記述は，この本に基づいている．

[3] Ellis, D., 細野公男(監訳)(1994)：『情報検索論——認知的アプローチへの展望』丸善．
図書館学・情報学という立場から書かれた情報検索の教科書．第 1 章「序章 情報検索研究の起源」には，その後の情報検索の方法論に大きな影響を与えた Cranfield 実験について書かれている．

[4]　長尾真(1994)：『電子図書館』岩波科学ライブラリー．
　　電子図書館に関する入門書．図書館情報の組織化や図書の情報構造についても述べられている．
[5]　奥乃博(1996)：『インターネット活用術』岩波科学ライブラリー．
　　インターネットについて利用者の立場から解説した入門書．検索エンジン，ウェブディレクトリの使い方が書かれている．
[6]　TIPSTER Text Program. http://www.tipster.org/
　　TIPSTER 研究プログラムについての各種情報を提供している．
[7]　TREC Index Page. http://trec.nist.gov/
　　Text REtrieval Conference (TREC) についての各種情報を提供している．

### 第3章

[1]　長尾真(1986)：『機械翻訳はどこまで可能か』岩波書店．
　　機械翻訳の考え方や利用の仕方などが分かりやすく解説されている．
[2]　野村浩郷・田中穂積(編)(1988)：『機械翻訳』(bit 別冊)，共立出版．
　　多数の著者が，機械翻訳全体について詳しく解説している．
[3]　長尾真(編者代表)(1989)：『機械翻訳サミット』オーム社．
　　第3世代の機械翻訳システムの紹介と技術的課題がまとめられている．
[4]　牧野武則(1989)：『ニューメディア技術シリーズ　機械翻訳』オーム社．
　　機械翻訳の考え方と方法についてやさしく解説されている．
[5]　長尾真(編著)(1996)：『自然言語処理』(岩波講座「ソフトウェア科学」第15巻)，岩波書店．
　　自然言語処理のバイブルのような本で，機械翻訳の最新技術も解説されている．
[6]　成田一(1994)：『こうすれば使える機械翻訳』バベル・プレス社．
　　機械翻訳の使い方をやさしく解説している．開発されたシステムも詳しく紹介されている．
[7]　成田一(1997)：『パソコン翻訳の世界』講談社現代新書．
　　翻訳ソフトウェアの現状を利用者の立場から親切に解説している．
[8]　長尾真・牧野武則(編著)(1995)：『コンピュータで翻訳する』共立出版．
　　機械翻訳のしくみと限界が平易に解説されている．
[9]　高橋延匡(編)(1986)：『日本語情報処理』近代科学社．
　　日本の初期の機械翻訳システムが紹介されている．
[10]　野村浩郷(1991)：『言語処理と機械翻訳』講談社．
　　自然言語処理の基本技術とその応用としての機械翻訳技術が述べられている．

[11] 榊博史(1993):『コンピュータ翻訳技術』電子情報通信学会.
KDD で試作された英日翻訳プログラムの方式と動作の詳細が述べられている.
[12] 「言語」1988 年 1 月号特集「機械翻訳の現状と未来」大修館.
機械翻訳を解説しその展望を述べている.

**第 4 章**

[1] 林大(監)・宮島達夫ほか(編)(1982):『図説日本語　グラフで見ることばの姿』角川書店.
世界の日本語・語彙・文字表記・音声アクセント・文法文体・敬語・方言・言語生活について約 400 項目で計量的研究を紹介している. 日本語の統計について概観できる.
[2] 水谷静夫(1982):『数理言語学』培風館.
言語の数理的な研究について, 具体的な話題を取り上げ, その考え方や方法を解説した良書. 序説・複合動詞・集合としての語彙・用語の類似・算法的な文法論の 5 章からなる.
[3] 田中章夫(1978):『国語語彙論』明治書院.
日本語の語彙の全体を知ることができる.

# 参考文献

**第2章**

Aitchison, J. & Gilchrist, A. (1987): *Thesaurus Construction: A Practical Manual*, 2nd Edition. Aslib. 内藤衛亮・中倉良夫・影浦峡他(訳),『シソーラス構築法』丸善, 1989.

Buckley, C., Salton, G., Allan, J. & Singhal, A. (1995): Automatic query expansion using SMART: TREC 3. *Overview of the Third Text REtrieval Conference*, NIST SP500-226, pp. 69–80.
http://trec.nist.gov/pubs/trec3/papers/cornell.new.ps

Defense Advanced Research Projects Agency (1995): *Proceedings of the Sixth Message Understanding Conference (MUC-6)*. Morgan Kaufmann Publishers.

Defense Advanced Research Projects Agency (1996): *Tipster Text Program (Phase II)*. Morgan Kaufmann Publishers.

Etzioni, O. (1997): Moving up the information food chain. *AI Magazine*, **18**(2), 11–18.

Hayes, P. J. & Weinstain, S. P. (1991): Construe-TIS: A system for content-based indexing of a database of news stories. In Rappaport, A. & Smith, R. (eds.), *Innovative Applications of Artificial Intelligence 2*, pp. 49–64, AAAI Press/MIT Press.

情報科学技術協会(1994):『国際十進分類法』日本語中間版第3版.

真島馨(1996):高速全文検索の要素技術.日経バイト, 10月号, pp. 158–167.

長尾真(1983):『画像認識論』コロナ社.

長澤雅男(1991):『問題解決のためのレファレンス・サービス』日本図書館協会.

テッド・ネルソン,竹内郁雄・斉藤康己(監訳)(1994):『リテラリーマシン――ハイパーテキスト原論』アスキー出版局.

日本図書館協会(1995):『日本十進分類法』新訂9版, (もり・きよし原編)日本図書館協会.

Riloff, E. (1995): Little words can make a big difference for text classification. *Proceedings of the 18th Annual International ACM SIGIR Conference on Research and Development in Information Retrieval*, pp. 130–136, ACM Press.

Watanabe, H. (1996): A method for abstracting newspaper articles by using surface clues. *Proceedings of the 16th International Conference on Computational Linguistics*, Vol. 2, pp. 974–979.

山本和英・増山繁・内藤昭三(1995)：文章内構造を複合的に利用した論説文要約システム GREEN．自然言語処理，**2**(1)，39-55．

## 第3章

Bond, F., Ogura, K. & Ikehara, S. (1994): Countability and number in Japanese to English machine translation. *Proceedings of the 15th International Conference on Computational Linguistics*, pp. 32-38.

堂坂浩二(1994)：語用論的条件の解釈に基づく日本語ゼロ代名詞の指示対象同定．情報処理学会論文誌，**35**(5)，768-778．

葉原耕平(編)(1994)：『自動翻訳電話』，ATR国際電気通信基礎技術研究所，オーム社．

池原悟・宮崎正弘・白井諭・林義彦(1987)：言語における話者の認識と多段翻訳方式．情報処理学会論文誌，**28**(12)，1269-1279．

池原悟・宮崎正弘・横尾昭男(1993)：日英機械翻訳のための意味解析用の知識とその分解能．情報処理学会論文誌，**34**(8)，1692-1704．

池原悟・白井諭・小倉健太郎(1994)：言語表現体系の違いに着目した日英機械翻訳機能試験項目の構成．人工知能学会誌，**9**(4)，569-579．

Ikehara, S.(1995): Multi-level machine translation method for communication with translations. *World TELECOM'95, Technology Summit*, Vol. 2, pp. 623-627.

池原悟(1996)：機械翻訳の現状 —— 日英およびその他の言語．情報の科学と技術，**46**(1)，26-33．

井佐原均ほか12名(1996)：開発者の観点からの機械翻訳システムの技術的評価——テストセットを用いた質評価法．自然言語処理，**3**(3)，83-102．

加藤直人(1995)：定型パターンを含む文の機械翻訳手法．情報処理学会論文誌，**36**(9)，2081-2090．

川村和美・片桐恭弘・宮崎正弘(1994)：語を種々の観点から分類した多次元シソーラス．信学技報，NLC94-48，pp. 33-40．

金淵培・江原暉将(1994)：日英機械翻訳のための日本語長文自動短文分割と主語の補完．情報処理学会論文誌，**36**(6)，1018-1028．

小林義行・徳永健伸・田中穂積(1996)：名詞間の意味的共起情報を用いた複合名詞の解析．自然言語処理，**3**(1)，29-44．

黒橋禎夫・長尾真(1994)：並列構造の検出に基づく長い日本語文の構文解析．自然言語処理，**1**(1)，35-58．

Matsuo, Y., Shirai, S., Yokoo, A. & Ikehara, S. (1994): Direct parse tree translation in cooperation with the transfer method. *Proceedings of the International Conference* on New Methods in Language Processing, pp. 144–149 [NeMLaP].

宮崎正弘・池原悟・横尾昭男 (1993)：複合語の構造化に基づく対訳辞書の単語結合型辞書引き．情報処理学会論文誌, **34**(4), 743–754.

宮崎正弘 (1995)：辞書の記述と利用 —— 機械辞書の観点から．日本語学, 4月号, 52–59.

宮崎正弘・白井諭・池原悟 (1995)：言語過程説に基づく日本語品詞の体系化とその効用．自然言語処理論文誌, **2**(2), 3–25.

村木一至 (1989)：文脈理解 —— 文脈処理の効果．情報処理, **30**(10), 1207–1215.

Murata, M. & Nagao, M. (1993): Determination of referential property and number of nouns in Japanese sentences for machine translation into English. *Proceedings of the 5th TMI*, pp. 218–225.

村田真樹・長尾真 (1996)：名詞の指示性を利用した日本語文章における名詞の指示対象の推定．自然言語処理論文誌, **3**(1), 67–81.

長尾真 (1983a)：科学技術庁機械翻訳プロジェクトの概要．情報処理自然言語処理研究会, 38–2, pp. 1–9.

長尾真 (1983b)：『制限言語の試み』自然言語処理技術シンポジューム．

Nagao, M. (1984): A framework of a machine translation between Japanese and English by analogy principle. In Elithorn, A. & Banerji, R. (eds.), *Artificial and Intelligence*, North Holland.

長尾真 (1985)：機械翻訳文の質の評価と言語の制限．情報処理, **26**(10), 1197–1202.

長尾真・辻井潤一 (1985)：μプロジェクトにおける日英機械翻訳結果の評価．情報処理学会自然言語処理研究会, 47–1, pp. 79–88.

長尾真 (編) (1994)：『自然言語処理これからの課題』自然言語処理動向調査委員会．

中岩浩巳・池原悟 (1993)：日英翻訳システムにおける用言意味属性を用いたゼロ代名詞照応解析．情報処理学会論文誌, **34**(8), 1705–1715.

Nakaiwa, H., Yokoo, A. & Ikehara, S. (1994): A system of verbal semantic attributes focused on syntactic correspondence between Japanese and English. *Proceedings of the 15th International Conference on Computational Linguistics*, pp. 672–678.

中村保男 (1983)：『翻訳はどこまで可能か』ジャパンタイムズ．

成田一 (1994)：『こうすれば使える機械翻訳』バベル・プレス社．

成田一 (1997)：『パソコン翻訳の世界』講談社現代新書．

Nirenburg, S., Carbonell, J., Tomita, M. & Goodman, K. (1992): *Machine Translation; A Knowledge-Based Approach*. Morgan Kaufmann Publishers.

Nierenburg, S. (1993): A Direction of MT Developments. *Proceedings of the Fourth*

Machine Translation Summit, pp. 189–193.
野美山浩(1993)：事例の一般化による機械翻訳．情報処理学会論文誌，**34**(5), 905–912.
小倉健太郎・Bond, F.・池原悟(1995)：日英機械翻訳における副詞句翻訳の問題点について．言語処理学会第1回全国大会，pp. 269–272.
佐藤理史(1991)：MBT-2 実例に基づく翻訳における複数翻訳例の組み合わせ利用．人工知能学会誌，**6**(5), 861–871.
佐藤理史(1992)：事例に基づく翻訳．情報処理，**33**(6), 673–681.
白井諭・池原悟・河岡司・中村行宏(1995a)：日英機械翻訳における原文自動書き替え型翻訳方式とその効果．情報処理学会論文誌，**36**(1), 12–21.
白井諭・池原悟・横尾昭男・木村淳子(1995b)：階層的認識構造に着目した日本語従属節間の係り受け解析の方法とその精度．情報処理学会論文誌，**36**(10), 2353–2361.
武田浩一・浦本直彦・那須川哲哉・荻野紫穂・堤泰次郎(1989)：知識ベースを利用した機械翻訳システム Shalt2．コンピュータソフトウェア，**12**(5), 22–32.
時枝誠記(1941)：『国語学原論』岩波書店．
Tomita, M. (1985): *Efficient Parsing for Natural Language*. Kluwer Academic Publishers.
辻井潤一(1985)：辞書の構成と機械翻訳．情報処理，**26**(10), 1174–1183.
宇津呂武仁・松本裕治・長尾真(1993)：二言語対訳コーパスからの動詞の格フレーム獲得．情報処理学会論文誌，**34**(5), 913–924.
横井俊夫・木村和広・小泉敦子・三吉秀夫(1996)：表層レベルにおける電子化辞書の情報構造．情報処理学会論文誌，**37**(3), 333–343.
吉田将(1984)：日本語の規格化に関する基礎的研究．科研費成果報告書．
吉田将(1985)：日本語の規格化．情報処理学会自然言語処理研究会，NL51-4.
吉田将(1986)：辞書構築における諸問題．情報処理，**27**(8), 933–939.

## 第4章

千葉県成浜小学校職員研究会(1924)：『新入学児童語彙の調査』文化書房．
林大ほか(1982)：『図説日本語——グラフで見ることばの姿』角川書店．
林四郎(1973)：鉛筆とゼロックスによる小さな語彙調査．『ことばの研究』第4集，秀英出版．
林知己夫(1974)：『数量化の方法』東洋経済社．
樺島忠夫(1955)：類別した品詞の比率に見られる規則性．国語国文，24巻6号．
樺島忠夫(1964)：『表現論』綜芸社．
北原保雄ほか(1978)：『国語学研究法』武蔵野書院．

国立国語研究所(1951)：『言語生活の実態——白河市および付近の農村における』秀英出版．

国立国語研究所(1952)：『語彙調査——現代新聞用語の一例』秀英出版．

国立国語研究所(1953)：『婦人雑誌の用語——現代の語彙調査』秀英出版．

国立国語研究所(1955)：『談話語の実態』秀英出版．

国立国語研究所(1957, 1958)：『総合雑誌の用語』(前・後編)，秀英出版．

国立国語研究所(1962, 1963, 1964a)：『現代雑誌九十種の用語用字』(第一，二，三分冊)，秀英出版．

国立国語研究所(1964b)：『分類語彙表』秀英出版．

国立国語研究所(1966)：『日本言語地図』大蔵省印刷局．

国立国語研究所(1970, 1971, 1972, 1973)：『電子計算機による新聞の語彙調査』(・II・III・IV)，秀英出版．

国立国語研究所(1983, 1984)：『高校教科書の語彙調査』(・II)，秀英出版．

国立国語研究所(1985)：『高校教科書 文脈付き用語索引』日本マイクロ写真．

国立国語研究所(1986a, 1987)：『中学校教科書の語彙調査』(・II)，秀英出版．

国立国語研究所(1986b)：『日独仏西基本語彙対照表』秀英出版．

国立国語研究所(1986c)：『雑誌用語の変遷』秀英出版．

国立国語研究所(1987a)：『話しことば 文脈付き用語索引——「言語生活」録音器欄』日本マイクロ写真．

国立国語研究所(1987b)：『現代雑誌九十種の用語用字 五十音順語彙表・採集カード』板橋福祉工場．

国立国語研究所(1989)：『高校・中学校教科書の語彙調査 分析編』秀英出版．

国立国語研究所(1991)：『話しことば 文脈付き用語索引2——「速記叢書」「談話語の実態」「話しことばの文型」データ』日本マイクロ写真．

国立国語研究所(1994)：『分類語彙表』(フロッピー版)，秀英出版．

国立国語研究所(1995)：『テレビ放送の語彙調査——方法・標本一覧・分析』大日本図書．

国立国語研究所(1997a)：『テレビ放送の語彙調査——語彙表』大日本図書．

国立国語研究所(1997b)：『言語研究と世界のシソーラス』第5回国立国語研究所国際シンポジウム予稿集．

国立国語研究所(1997c)：『言語研究とシソーラス』第5回国立国語研究所国際シンポジウム第1専門部会論文集．

国立国語研究所(1997d)：『雑誌九十種の用語用字』三省堂．

宮島達夫(1994)：言語研究におけるシソーラスの利用．『語彙論研究』むぎ書房．

水谷静夫(1957)：数量化の立場序説——排列法テストの採点を例として．計量国語学，1号．
水谷静夫(1958a)：基本語彙と語彙調査．『国語教育のための国語講座』4，朝倉書店．
水谷静夫(1958b)：使用率の分布函数．『総合雑誌の用語』(後編)，秀英出版．
水谷静夫(1974)：『国語学五つの発見再発見』創文社．
水谷静夫(1977)：語彙の量的構造．『岩波講座日本語9』岩波書店．
水谷静夫(1980)：計量語彙論．国語学会(編)，『国語学大辞典』東京堂．
水谷静夫(1982)：『数理言語学』．現代数学レクチャーズ D-3，培風館．
水谷静夫(1983)：『日本語新講座2 語彙』朝倉書店．
水谷静夫(1957)：文の長さの分布型といふ事．計量国語学，2号．
水谷静夫(1997)：国語学の一隅から見て．『随筆集 有明け月』私家版．
森岡健二(1951)：義務教育終了者に対する語彙調査の試み．国語研年報2，秀英出版．
中野洋(1970)：オノマトペのイメージ．言語生活，229号．
中野洋(1975)：単語の数はどのくらいあるか．『現代日本語の単語と文字』汐文社．
中野洋(1976)：『星の王子さま』6国語版の語彙論的研究．計量国語学，79号．
中野洋(1977)：話しことばの語彙——書きことばの語彙との比較．国立国語研究所季報，1977春号．
中野洋(1982)：流行歌の語彙．『講座日本語の語彙7 現代語の語彙』明治書院．
中野洋(1983)：テレビのことばとラジオのことば——実況放送のことばの語彙の比較．『話しことばの計量国語学的調査・分析のための基礎研究』第1分冊，文部省科学研究費報告書．
中野洋(1987)：話しことばの語種の調査．『計量国語学と日本語処理——理論と応用』秋山書店．
中野洋(1995a)：語彙調査とその問題点——日本語と英語・中国語との対照研究を例として．日本学術振興会第152委員会資料．
中野洋(1995b)：中国における流行歌の語彙．計量国語学，19巻8号．
中野洋(1996a)：『パソコンによる日本語研究法入門——語彙と文字』笠間書院．
中野洋(1996b)：日中流行歌の語彙の対照研究——最近の中国の流行歌．日本語学，15巻．
野本菊雄(1959)：話ことばの中での漢語使用．国立国語研究所論集1，秀英出版．
大野晋・浜西正人(1981)：『角川類語新辞典』角川書店．
北京語言学院語言教学研究所(編)(1986)：『現代漢語頻率詞典』北京語言学院出版社．
阪本一郎(1955)：『読みと作文の心理』牧書店．
阪本一郎(1958)：『教育基本語彙』牧書店．

阪本一郎(1984):『新教育基本語彙』学芸図書.
佐野洋(1997):文系研究者のための言語処理ツールとデータベース.言語処理学会第3回年次大会チュートリアル資料.
田中久直(1956):『国語科学学習語彙』新光閣書店.
田野村忠温(1995):パソコン利用の現状と課題 意味.『パソコンを使う日本語研究』日本語学,14巻8号.
土屋信一(1965):話しことばの中の漢語.言語生活,169号.
牛島義友・森脇要(1943):『幼児の言語発達』愛育研究所紀要.
安本美典(1957):文の長さについて.計量国語学,3号.
矢野健太郎(編)(1968):統計学.『数学小辞典』共立出版.

# 索　　引

$\alpha$　　172
$\beta$　　172
$\chi^2$ 検定　　196, 201
dpi　　11
DSSSL　　16
$\epsilon$ 遷移　　40
HTML　　16, 87
HTTP　　87
HyTime　　16
ISO　　4
JIS　　4
JIS 片仮名　　5
JIS 漢字　　5
JIS 補助漢字　　6
JIS ローマ字　　5
KWIC　　29, 170
L 字型分布　　159
M　　172
PDF　　20
Pivot　　101
PostScript　　19
SGML　　14, 87
TEX　　17
TF.IDF（法）　　59
URL　　87
W　　172

## ア　行

アウトライン・フォント　　12
後編集　　139
アホイ　　90
アルタ・ビスタ　　90

アンカー　　87
依存文法　　116, 201
1 次元順序　　86
意味解析　　99
意味解析型トランスファー方式　　104
意味解析型翻訳　　100
意味辞書　　133
意味素　　117
意味素性　　117
意味的属性　　108
意味的約束　　98
意味的用法　　104, 119, 129
意味標識　　117
意味理解　　99
意味理解型翻訳　　100
イメージ情報　　13
インターリンガ方式　　101
インフォ・シーク　　90
ウェブサイト　　86
ウェブディレクトリ　　89
ウェブページ　　86
エキサイト　　90
エスケープシーケンス　　6
大野の法則　　162
オートマトン　　39
オピニオンテスト　　144
オープン・テキスト　　90
音声言語　　111
音声言語の調査　　165
オントロジー　　143

## カ 行

階層的クラスタリング　80
解像度　11
概念辞書　128
概念の個別性　125
係り受け　116
格フレーム　121
格文法　118, 119, 201
隠れマルコフモデル　112
カテゴリ付与　79
樺島の法則　160
関係　119
関連フィードバック　68
機械翻訳の歴史　145
記述統計　157
基底法　25
客体的表現　104
95%信頼区間　158
共起関係　27
共起辞書　129
キーワード検索　53, 57
近似照合　43
クイックソート　23
句構造文法　115
クラスタリング　80
形態素　113
形態素解析　74, 113
形態素解析型翻訳　100
形態素解析プログラム　170
形態素単位　172
結合価　201
結合価パターン　120, 121, 134, 201
結合価文法　119, 201
決定詞　125
決定性オートマトン　40
言語知識　127

検索　77
検索エンジン　90
検索システムの評価法　61
検索質問　57
検索質問の自動展開　70
検索要求　55
『現代雑誌九十種の用語用字』　158, 164, 179
語彙変換　103
構造的な意味の単位　107
構文意味辞書　122, 129, 133
構文解析　115
構文解析型トランスファー方式　102
構文解析型翻訳　100
構文トランスファー方式　102
構文変換　102
国語辞典　172
語形変形　108
語種　180, 201
異なり　155
異なり語数　155
語頻度　59

## サ 行

再現率　61
最終状態　39
索引語付け　58
索引語の自動抽出　58
サンプル　158
時間計算量　23
シグナチャ(法)　49
辞書式順序　21
システム辞書　130
自然言語　101
シソーラス　70, 176
実体　119
ジップの第2法則　159

社会的規範　98
主題検索　54
主体的表現　104
受理　39
状況知識　127
照合　36
状態　39
衝突　32
情報検索　52
情報検索システム　55
情報抽出　81
情報の組織化　77
使用率　160
使用率の分布　160
初期状態　39
事例ベース翻訳　107
深層格　118, 119
深層構造　201
推測統計　158
正確性　144
正規表現　39
制限言語　140
正書法　131
静的・動的な属性の概念　119
整列　21
世界知識　100, 127
ゼロ代名詞　126
遷移　39
線形探索　30
全数調査　158
選択　39
全文検索　47, 54, 72
選別　77
専門辞書　130
専門知識　127
専門用語辞書　128
層化集落抽出法　180, 201

素性構造　117

タ 行

タグ　87
多言語翻訳　110
多次元シソーラス　142
多段翻訳方式　104
単位観　125
単位語　155
単一化処理　118
単一化文法　118
単語意味辞書　133
単語意味属性　142
単語意味属性体系　119, 133
単語インデックス　72
単語共起辞書　133
単語結合型辞書引き　131
単語文法属性　142
探索　29
短単位　130
談話　112
チェイン法　32
知識ベース型翻訳　109
中間言語　101
中間言語方式　101
忠実度　144
長1　172
調査単位　170
長単位　130
長2　172
適合率　61
テキストクラスタリング　79
テキスト構造知識　127
テキストデータベース　46
適切性　144
『テレビ放送の語彙調査』　167
『電子計算機による新聞の語彙調査』

167, 181
転置インデックス 58
転置ファイル 47
同音異義語 174
同形式異内容 98
トップダウン型のアルゴリズム 115
トライ法 34
トランスファー方式 101, 102

## ナ 行

内積 66
長い単位 172
2分探索 31
ノード 86
延べ 155
延べ語数 155

## ハ 行

バイト 3
ハイパーテキスト 86
ハイブリッド型翻訳方式 109
パターン 36
ハッシュ関数 32
ハッシュ表 32
ハッシュ法 32
パッセージ 71
パッセージ検索 71
場面知識 127
半無限部分文字列 75
非決定性オートマトン 40
比推定 180, 202
ビット 3
ビットマップ 10
ビットマップ・フォント 11
表記の揺れ 132
標準表記の方法 132
表層 119

標本 158
標本調査 158
品詞変換 108
フィルタリング 77
フォント 11
物理情報 13
フレーズ辞書 133
プロファイル 78
文型辞書 133
文献検索 53, 55
文書インデックス 57
文書頻度 59
文法的接続関係 113
文法的属性 108
文法的約束 98
文脈自由文法 115
文脈処理 126
文脈知識 127
分類 78
分類語彙表 176
分類を用いた検索 53
閉包 39
ベクトル空間法 65
ベンチマーク 146
ボイヤー・ムーア 37
母集団 158
ボトムアップ型のアルゴリズム 115
翻訳 97
翻訳メモリ 109

## マ 行

前編集 123, 139
マークアップ 15
短い単位 172
水谷の法則 160
見出し語 155
見出し語カード 168

メタ・クローラー　　90
メタ検索エンジン　　90
文字インデックス　　74
文字言語の調査　　166
文字コード　　3
文字コードセット　　4
文字コード体系　　6
文字列インデックス　　74
文字列照合　　72

### ヤ 行

訳文品質　　146
ヤフー　　89
要約　　83
要約率　　85
用例翻訳　　107
読みの決定　　175

### ラ 行

ライコス　　90
理解語彙の調査　　166
理解容易性　　144
利用者辞書　　130
リンク　　86
類語弁別ネットワーク　　142
類似度　　65, 66
連結　　39
連語辞書　　133
ロバスト性　　146
論理情報　　13

### ワ 行

ワールドワイドウェブ　　85

■岩波オンデマンドブックス■

言語の科学 9
言語情報処理

2004 年 12 月 3 日　第 1 刷発行
2019 年 8 月 9 日　オンデマンド版発行

著　者　長尾　真　黒橋禎夫　佐藤理史
　　　　池原　悟　中野　洋

発行者　岡本　厚

発行所　株式会社 岩波書店
　　　　〒101-8002 東京都千代田区一ツ橋 2-5-5
　　　　電話案内　03-5210-4000
　　　　https://www.iwanami.co.jp/

印刷／製本・法令印刷

© Makoto Nagao, Sadao Kurohashi, Satoshi Sato,
池原美恵子, 中野文子 2019
ISBN 978-4-00-730917-5　　Printed in Japan